OBSERVATION

DU DROIT DE LA NATURE ET DES GENS, TOUCHANT LA CAPTURE ET LA DETENTION DES

VAISSEAUX ET EFFETS NEUTRES

EN TEMS DE GUERRE: JUSQU'À QUEL POINT ELLE DOIT ÊTRE CENSÉE LICITE?

Specialement

1) Des prises faites par la Marine *Angloise* sur les Sujets *Prussiens* dans la guerre de 17$\frac{41}{48}$.

2) Des prises faites par les *Armateurs Prussiens* dans la derniere guerre de 17$\frac{56}{63}$ sur les Sujets *Autrichiens*, *Suedois*, & *Toscans* & de la procédure, qui a eû lieu à l'égard des unes & des autres;

tirée du

Nouveau Droit Controversé

latin de

FREDERIC BEHMER,

Conseiller Privé de Sa Majesté le Roi de Prusse au Tribunal Suprême des Appels, Directeur du College des Revisions en Affaires litigieuses des Chambres de Guerre & des Domaines; Directeur de la Commission immédiate Royale pour l'Examen des Aspirans aux Offices Superieurs de Judicature, Directeur de la Justice des Batiments, Juge en dernier Ressort de la Lotterie Royale.

Les Sentences qui émanent des Tribunaux, doivent toutes être conservées, & être renduës publiques, afin que l'on n'y juge pas aujourd'hui d'une maniere différente de celle d'hier; afin aussi que les biens & la vie des Citoyens soyent autant en sureté, que la Constitution même de l'Empire.

Instructions adressées par *Sa Majesté l'Imperatrice de toutes les Russies* à la Commission établie pour travailler à l'Exécution du Projet d'un nouveau Code de Loix. §. 92.

Hambourg, MDCCLXXI.
Chez J. J. C. Bode.

À SA MAJESTÉ

L'IMPERATRICE

DE

TOUTES LES RUSSIES.

MADAME

VOTRE MAJESTÉ IMPERIALE m'a accordé la gracieuse permission, de LUI dedier mon *Nouveau Droit Controverse* latin. Comme j'en ai traduit en francois la *Preface* & la *premiere Observation*, qui roule sur la matiere du tems importante de la *legitimité des prises faites sur Mer en tems de guerre*, j'ose mettre aux pieds de VOTRE MAJESTÉ IMPERIALE aussi ce petit Ouvrage, tiré en abregé de l'Ouvrage latin lequel jouit deja de la protection du glorieux nom de VOTRE MAJESTÉ IMPERIALE, n'ayant en cela d'autre vüe, que de donner un temoignage public de l'impression vive & profonde, qu'ont fait sur moi SES vües sublimes pour la reforme & l'administration solide de la justice dans SES vastes Etats, dont ELLE augmente par là infiniment le vrai bonheur, & fait, en remplissant ce glorieux but, l'admiration de l'Univers dans ce

(a) 3 siécle

ſiécle, comme ELLE ſera celle des ſiecles à venir. Pourroit-on ne pas étre auſſi touché de la générosité avec laquelle, conformément aux ordres de VOTRE MAJESTÉ IMPERIALE, SES flottes puiſſantes & victorieuſes agiſſent à l'egard des Vaiſſeaux pretendus neutres, qui ſont pris en mer, faiſant voile vers SES ennemis, pour leur porter des ſecours? Les nouvelles publiques atteſtent, qu'on leur reſtitue le prix du Vaiſſeau & de la cargaiſon, qui ſelon les principes du Droit, deduits dans ce petit Ouvrage, appartiendroient inconteſtablement à VOTRE MAJESTÉ IMPERIALE. C'eſt ainſi qu'en portant au loin la terreur de SES armes, ELLE y repand bien plus encore la gloire de SES vertus. Je demeure, penetré de la veneration la plus profonde,

MADAME

de Votre Majeſté Imperiale

Berlin,
ce 20 de May 1771.

le très-humble, très-ſoumis & très-obéiſſant Sérviteur

Behmer.

Feu l'illuſtre Baron de COCCEJI, Grand-Chancelier de Sa Majeſté le Roi de Pruſſe, & Chef ſuprême de juſtice dans Ses Etats &c. m'a été, même dès ma plus tendre jeuneſſe, un vrai Mecène. J'eus le bonheur d'en être connû dès l'an 1739. (à mon retour de l'académie, où j'avois eu l'avantage d'avoir pour maitre, entre autres, le grand *Moſer*, dans le Droit public, féodal, criminel, &c.) Ayant eſſayé lui-même mes progrès, il s'en crût ſi ſûr, qu'à toute force il vouloit que je donnaſſe des leçons de Juriſprudence à ſes dignes fils. Lorsque la même annee je fus placé par le feu Roi à la chambre de guerre & des domaines, il voulut que je meritaſſe les honneurs de la preſſe, en publiant quelque ouvrage ſur des matieres judiciaires. Je mis donc

la

la main à l'oeuvre l'an 1740. & je choisis pour sujet: *de l'application de la philosophie Wolffienne à la Jurisprudence* touchant des définitions plus correctes; nommément la definiton métaphorique, de *l'Obligation*, & je la fis imprimer. Mr. de Cocceji ne goutoit point pour lors cette nouvelle sorte de philosophie, approuvant au reste mon audace, de m'être érigé en Réformateur de cette définition reçue & usée, vicieuse par cela seul qu'elle contient la métaphore *d'un lien de droit* &c. deja condamnée, pour la même raison, par feu le C. P. *Gundling* &c. mais qui n'en avoit pas substitué une beaucoup meilleure. Mon mecéne me pressoit par son propre exemple de faire à Berlin des leçons publiques de droit, m'assurant qu'il faisoit un cas infini des six années de son professorat de Francfort, par l'impression fondamentale & ineffaçable des principes, qu'il s'étoit inculqués par là, & qui l'avoient conduit bien au delà de ce que voyent d'ordinaire les autres dans les matieres litigieuses. Encouragé par un si grand exemple, en 1740. j'annonçai par des affiches mes leçons publiques, sur le Droit de la nature & sur le Droit civil, & les continuai jusqu'en 1746. publiant chaque Sémestre un nouveau Programme, où je traitois en même tems quelque question curieuse de droit. Non seulement j'eus constamment un auditoire nombreux, mais je fus même requis, de donner plusieurs leçons particulieres, nommément à Mr. le comte de Solms l'ainé, accompagné de Mr. *Stosch*, son gouverneur d'alors, devenu depuis Conseiller de cour & Bibliothécaire royal, ce qui m'attira souvent l'honneur d'avoir pour auditeur, le Grand-pere maternel de ce Comte,

Comte, feu Monsieur le Ministre d'état D'ARNIM, qui honora mes leçons de son approbation. Mon Mecène cependant, voulant se servir de moi dans la judicature, & me faire pour cette raison membre d'une Cour de justice, addressa de son propre mouvement un rapport immédiat au Roi, en date du XI Novem. 1742. pour inciter Sa Majesté à me créer membre de la Justice supérieure criminelle, lequel rapport étoit conçu en ces termes, fidélement traduits de l'allemand:

signé à la marge. Bon Frederic.

Le sécretaire de la Chambre de guerre & des domaines, Fréderic Behmer, ayant montré dans plusieurs preuves publiques imprimées, son habilité & sa capacité dans la Jurisprudence, mérite d'être créé Conseiller de la Justice supérieure cirminelle, en conservant néanmoins son poste à ladite chambre.

C'est à cette charge que je dois nombre d'observations curieuses pratiques sur la Jurisprudence criminelle. Car il est bon d'observer, qu'il m'inculquoit sans cesse le conseil, toutes les fois qu'il se présenteroit une question importante, d'en inscrire la décision, à la maniere de *Mevius*, *Brunnemann &c.* & à la sienne propre dans son célébre *Droit controversé*, ce que j'ai observé religieusement, à mon grand avantage, surtout lorsqu'il s'est présenté à moi, dans la suite, des cas postérieurs analogues. C'est à l'observation constante de ce salutaire conseil que sont duës les décisions contenuës dans mon ouvrage latin: *Novum Ius contrversum.* La reconnoissance me rappellant toujours

 au

au souvenir de mon digne Mecéne, je ne puis me tenir d'étaler avec complaisance quelques marques singulieres d'affection dont il m'a honnoré, m'ayant trujours traité comme son fils; m'ayant invité une infinité de fois à des conversations familiéres & domestiques, sur la littérature & les matieres juduciaires, dans le sein de sa famille; m'ayant fait présent d'un exemplaire de chacun de ses ouvrages imprimés, comme, de ses *Elemens de la Jurisprudence naturelle & romaine à l'usage de ses fils;* de son *Nouveau systeme de la justice naturelle & romaine;* de son *Grotius illustratus* &c. &c. me proposant des doutes à résoudre sur les matiéres controversées qui s'y rencontroient, & à quoi je repondois suivant mes lumiéres actuelles. Je garde encore comme un trésor précieux, la correspondence latine que j'ai entretenuë avec lui. En effet son *Nouveau systême* renfermoit nombre de théses *paradoxes,* (c'est à dire, qui sont vraie contre l'opinion du vulgaire, ou du peuple juridique; car nous avons aussi du peuple, rélativement aux matiéres de jurisprudence,) p. e. il rejettoit & renversoit la distinction vulgaire, *d'un Droit EN la chose*, & d'un Droit A la chose (jus in re & ad rem) niant, que les demandes *juridiques*, (actiones) soient un *troisiéme objet du Droit*; dérivant ingénieusement *la succession naturelle des enfans aux biens des peres & meres*, de la qualité d'un *Corps intellêtuel* & *artificiel*, c'est à dire, de la *famille*; niant avec *Thomasius* & d'autres, que les *Testaments & Préscriptions soient du Droit de la nature;* exigeant pour la valeur de la donation, *l'acceptation* & le remerciment de la Part du Donataire; voulant, que la *Tutele des proches*

parens

parens & la *dative*, ſoient du Droit même de la nature, non du Droit civil: dérivant les prohibitions de mariage à certain *degrés*, de l'unité de la chair, qui s'oppoſe à ce que deux proches parens decouvrent la turpitude l'un de l'autre &c.

Ce fut auſſi lui qui m'exhorta à ſaiſir l'occaſion de la premiere guerre de Sileſie, pour eſſayer & montrer mes forces quelconques dans le *Droit public*, dont l'étude étoit pour lors mon occupation favorite, me muniſſant pour cet effet, d'un odre exprès, que je poſſéde encore, au Bibliotecaire du Roi, pour me fournir ſans caution, ſur mon ſimple reçu, tous les livres dont je pourrois avoir beſoin de la bibliotheque royale. Tout le monde ſait & ſe rappelle encore, qu' alors on agita dans la Diéte de l'Empire avec bien de la chaleur, la celébre queſtion: *de la vraie liaiſon de la Sileſie avec l'Empire germain; ſi pour raiſon de cette pretendue liaiſon, il pourroit étre impliqué dans la guerre d'alors, & ſi l'on pouvoit reclamer ſon aſſiſtance, comme s'il ſe fut agi d'un démembrement de l'Empire?* Je démontrai la négative dans un Mémoire, que je compoſai en 1741. remontant aux differentes epoques antérieures & poſtérieures à l'union de la Sileſie avec la Bohéme, & racontant, comment Jean de Lutzelbourg, Roi de Bohéme, (fils de l'Empereur Henri VII, & Pere de Charles IV.) avoit acquis la Sileſie, en vertu d'une réſignation ſpontanée, que fit Henri VI. Duc de Sileſie en 1335. en abandonnant la Pologne, dont la Sileſie avoit rélevé jusqu'alors; je fis voir, que la Bohéme elle-même n'a jamais tenu à l'Allemagne &c. à quoi j'ajoutois plusieurs autres preuves de detail. Le Grand-Chancelier goutoit beaucoup de cet ouvrage, composé en allemand; mais étant lui-même amateur de la latinité, il me conseilla, pour en rendre l'usage plus général, de le traduire en latin, & en l'adressant au Roi, de demander la permission de le faire imprimer. Ce que je fis, après avoir augmenté considérablement l'ouvrage. Le Roi, au lieu de l'envoyer au Grand-Chancelier, (comme celui-ci s'y attendoit,) le fit remettre au departement des affaires étrangéres, avec odre de le faire passer auparavant par la censure. Feu le Conseiller privé *Vockerodt* en fut chargé. Celui-ci, fort occupé, & d'ailleurs homme fort dfficile à contenter, fit attendre fort longtems cette censure, & sa lenteur m'en dégouta au point que je n'y pensois plus, d'autant qu'on commençoit deja alors à mediter la seconde guerre de Silesie, qui commença en 1744. Mais lorsque j'y avois comme renoncé, je reçus une approbation royale du 13 Mars 1744. en ce termes, traduits fidélement de l'allemand:

> Sa Majesté le Roi fait savoir au Conseiller de cour & de la Justice supérieure criminelle, Behmer, par la présente, qu'apres l'examen fait de son ouvrage, sous le titre de *Silesia defensa, sive Vindicia Suprematus in Silesiam Boussici &c.* & apres qu'on a trouvé que cet ouvrage est une preuve complette de sa capacité & de son application, Sa Majesté le fait assurer là dessus de sa plus gracieuse approbation de son travail, & a expressément ordonné de le faire déposer & garder dans les ar-

archives royales; les conjonctures présentes ne permettant pas encore de le faire imprimer. A Berlin, ce 13 Mars, 1744.

Par ordre exprès de Sa Majesté le Roi
H. G. Comte de Podewils. C. L. de Borcke.

Cet ouvrage pourtant, quoique pour ainsi dire enterré, ne fut pas absolument infructueux. Mon Mecène n'en fut que plus porté pour moi, & le montroit en chaque occasion, sans avoir jamais été prévenû de ma part. Je me fais sans doute honneur & gloire, d'avoir été aimé, protegé & encouragé par ce grand-homme, & l'envie même, (si quelqu'un en a contre moi) ne sauroit me blâmer avec raison, de tirer de mes papiers & produire ici, (parmi tant d'autres fragmens) quelques preuves parlantes de sa faveur constante & inaltérable. Le Roi l'ayant chargé, (après la fin de l'avant-derniere guerre) en 1746, de commencer la réforme de la Justice, par le Duché de la Poméranie (qu'on dit être la Normandie de l'Allemagne) il m'offrit d'abord de m'emener avec lui, & de m'y former un établissement convenable. Quoique celui de Berlin ne fut alors rien moins que brillant pour moi, plusieurs raisons & liaisons domestiques m'empecherent néanmoins de profiter de cette offre. Bien loin de s'en facher, voici au contraire ce qu'il me répondit le 19. Decembre 1746.

„Comme mon but principal à l'égard de vous „Monsieur, est, de vous procurer un établissement „solide, vous concevrés aisément que, si vous

„pouvés le trouver ici, (à Berlin) je ne ſaurois „vous le déconſeiller. En mème tems vous pou„vés être perſuadé, que je n'enverrai le plan de „réforme de la juſtice de la Poméranie au Roi, „qu'après que j'aurai reçu préalablement votre „réſolution définitive, ce qui ſouffre encore un „dèlai de pluſieurs mois &c.

Ayant mis la main à ce grand ouvrage de la réforme en Poméranie, quoique abſent pour lors, il ne m'oublia pas, mais il m'écrivit de ſa propre main d'un but à l'autre (comme il a fait toujours à mon égard) de Stettin, le 22 Janv. 1747. ce qui ſuit:

„En conformité de ma promeſſe, je n'ai pas vou„lu manquer, de vous mander, qu'après avoir „fait l'état & le plan de la nouvelle réforme, il ſe „trouve qu'un Conſeiller de la Régence de Stet„tin, peut compter ſur - - - écus de fixe par an; „ſi cela vous agrée, cela me cauſera une véritable „joie. Je ſouhaiterois être à même de vous pro„curer une meilleure penſion. Mais pour le pre„ſent, cela eſt impoſſible. Et comme c'eſt la „vraie conſidération & amitié, que je ſens pour „vous, qui me fait uniquement agir ainſi, je ne „ſaurois par cette raiſon, vous diſſimuler, Mon„ſieur, qu'ici (à Stettin) hormis le logement, tout „le reſte eſt plus cher qu'à Berlin: au reſte per„ſonne ne vous ſauroit être plus devouè, que je „le ſerai juſqu'à la fin de ma vie &c.

COCCEJI.

Les

Les mêmes raiſons qui me faiſoient préférer le ſejour de la capitale, ſubſiſtoient toujours, & il s'y joignoit de plus le motif de l'Education de ma famille déja nombreuſe, pour raiſon de quoi le ſéjour de la capitale m'étoit préférable. L'evénement repondit à mon attente. Car mon Mecéne ayant mis la main à la réforme des tribuneaux de Berlin, de ſon mouvement me fit aſſocier l'an 1747. par le Roi, à la grande Commiſſion de cette réforme, & après l'avoir achevé, il m'éleva aux grades les plus honorables de la Judicature ſupérieure, ſans qu'il m'en ait jamais couté une Obole, ayant, avec l'agrément préalable du Roi, fait expédier gratis les patentes de mes dignetés. Dans l'exercice de ces diverſes charges, j'ai toujours continué ponctuellement, à garder note des déciſions intervenues dans tous les cas remarquables, qui ſont venus à ma connoiſſance, & voilà ce qui a enfanté cet ouvrage.

Mon Mecéne, méditant par ordre du Roi, la compoſition d'un *Droit certain & uniforme*, me diſtribua quelques parties ſpéciales à travailler, par exemple, de la *Diviſion des choſes*, (de rerum diviſione) & des *Conventions* (de pactis) &c. &c. & je poſſède encore une lettre, qu'il m'a adreſſée peu de tems avant ſa mort, par laquelle il me recommende, comme par derniere volonté, pluſieurs autres matieres de droit, avec la plus flateuſe confiance. Car il avoit fort à coeur la compoſition d'un *Corps de droit civil & uniforme*, que certainement ſon exceſſive application à cet ouvrage a haté & avancé la fin de ſes jours par des lucubrations trop laborieuſes & non interrompues. Voici ce qu'il m'am'adressa, en date du 7. Sept. 1755. (un mois avant sa mort,) en ces propres termes, fidèlement traduit de l'allemand:

„Après avoir reglé la *façon de proceder judiciaire* „dans le barreau, je suis enfin parvenu avec l'ai„de de Dieu, à achever, en certain sens, la troi„sième partie du Corps de droit (*Lands-Recht*) „Etant actuellement occupé à faire la derniere „révision de cet ouvrage, & à le faire mettre au „net, je trouve qu'il en reste encore plusieurs ma„tieres, que je prévois que la foiblesse de ma san„té chancelante ne me permettra pas d'arranger „moi-même. J'ai donc recours à quelques uns „de mes bons amis, les prians, de vouloir bien „avoir la bonté de m'y assister & de se charger „de l'élaboration de ces matieres. La chose, il „est vrai, ne presse pas, pourvû qu'elle ne soit „pas tout à fait oubliée. Pour les doutes touchant „ces matieres, on les trouvera, en grande par„tie, résolus dans mon *Droit controversé*, où je les „ai décidés selon les principes du Droit de la na„ture. Au reste j'abandonne la distribution & la „repartition de ces matieres à l'experience eclai„rée de mes chers amis & c'est uniquement pour „expliquer un peu mon intention, que j'ajoute „ici la spécification de ces matieres.

I) „Outre celles du Droit criminel, comme p. „e. de quatre délits particuliers &c. &c. il y a

II) „encore plusieurs matieres importantes, „dont l'élaboration suppose une Juriprudence so-lide

„lide, & demande plus d'application, comme du „*Droit du fisc*, des *foires* (de nundinis) des *cour-* „*tiers*, (de proxenetis) &c.

III) „Il manque encore dans le *Code-Frederic* „plusiers matiéres, que je n'y ai pas pu faire en- „trer jusqu'ici, & dont la rédaction est néanmo- „ins encore nécessaire, comme la matiere des „Tribunaux & Jurisdictions, des restitutions en „entier à cause du dol, des cas de violence, de „minorité & autres causes prétoriennes d'équité „urgente, en particulier la matieres des Deman- „des civiles, (Actions) dont, sauf meilleur avis, „feu mon pere a fourni un modèle dans ses Thé- „ses sur les Instituts justiniens &c. "

Cependant tout cela en est resté là, imparfait & ébauché seulement, jusqu'à ce jour. Effectivement, il n'y a rien de plus difficile que la composition d'un pareil Corps de droit certain. Les loix humaines ont naturellement & essentiellement l'empreinte de l'imperfection, c'est à dire l'impuissance de prévoir en les composant, tout le détail des cas possibles futurs, dont la différence altére souvent ou détruit même dans la suite l'application de ces loix. Un recueil de décisions sur les cas les plus embarrassans peut donc être à cet égard d'un grand secours, & préférable même à la plus profonde théorie, lorsque celle-ci est destituée de l'experience du barreau, qui s'acquiert à mesure qu'on manie & juge un plus grand nombre de ces cas problématiques. Il en est de même par rapport à l'ordre judiciaire ou à la forme de la procèdure. Le plus profond théoréticien peut y broncher à chaque instant, en exigeant trop ou trop peu; vû qu'il n'a pas travaillé lui-même, & que, dans le silence du cabinet il forge à sa fantaisie des possibilités ou des impossibilités rélatives: au lieu que le maniement des affaires, dans le tumulte du barreau, enseigne successivement à connoitre & les inconvéniens & les remédes, qui sont convenables & applicables d'une maniere précise & déterminée.

L'illustre COCCEJI étoit assurément l'homme le plus capable, de conduire ce grand ouvrage à sa perfection. Outre une solide Jurisprudence, (surtout dans le Droit civil, dont fait foi certaine & indubitable son *Droit controversé*,) il y joignit l'avantage d'une pratique & d'une éxpérience consommée. Non seulement il avoit été Président de la Régence de Halberstadt, dont les arrets ornent son *Droit controversé*, mais encore avoit il assisté l'an 1713. à la visitation de la Chambre Impériale à Wetzlar, & avoit fait le principal ornement de cette commission, à la satisfaction de la cour Impériale & des Etats de l'Empire,(chose si difficile à combiner.) C'est en grande partie sur le pié de cette visitation, qu'il a ensuite travaillé & achevé la réforme de la justice dans tous les Etats prussiens, qui lui fera éternellement honneur. Et en effet, pour faire une réforme solide de la Justice, il faut commencer par regler & rendre stable *la forme de la procédure*, avant que de penser & faire travailler à la composition *d'un Corps de droit.* Procéder autrement, c'est, pour ainsi dire, une *præposteration*, ou hysteron proteron.

La

La réforme de la *procédure* eſt ce qu'il y a de plus preſſé, vû que les plaideurs ne ſoffrent pas tant par l'incertitude du droit,) chaque plaideur ayant pour le fond de ſa cauſe le benefice des inſtances ultérieures,) que principalement par le bon plaiſir aveugle, & quelques fois deſpotique des Juges ſubalternes, en favoriſant, chemin faiſant, une partie plus que l'autre, p. e. en accordant ou refuſant des délais trop ou trop peu, en rendant difficiles les façons de prouver, en connivant à la commodité ou aux chicanes des avocats, & en mille autres manieres. Il s'agit donc, avant toutes choſes, de mettre de juſtes bornes à ce caprice des Juges dans la procédure, en les accoutumant à la vraie manœuvre, ſi j'oſe parler ainſi. C'eſt pour cette raiſon, que le Grand-Chancelier, Baron de COCCEJI, commença l'an 1746. par *une* province, la Pomèranie, pour lors la plus chargée de procés, qui avoient trainé en une longueur exceſſive: il y aſſocia pluſieurs préſidens & membres des Cours de juſtice d'autres Provinces, pour qu'ils appriſſent d'abord cette manœuvre eux-mêmes, & l'enſeignaſſent enſuite chez eux; & pour cet effet il commença par publier le Code-Fréderic Poméranien; ou plutôt *une Conſtitution* préliminaire, *de finir tous les procés dans l'eſpace d'un an.* Continuant par la viſitation de la chambre Royale de juſtice de Berlin, l'an 1747. il y fit encore venir pluſieurs autres préſidens & conſeillers de juſtice d'autres Provinces; il publia en 1748. le nouveau Code-Fréderic revû, qui ſert encore actuellement de baſe, ſous le titre: *Projet du Code-Fréderic &c*; puis il alla lui-même viſiter, de province en province, les Cours de juſtice,

 pour

pour voir par ses yeux, comment on s'y prenoit dans l'application de ce Code, dressant des instructions particulieres locales pour chaque Régence; & de cette façon il consomma en peu d'années ce grand ouvrage de la réforme de la procédure dans les Etats prussiens, quoique si vastes & si étendus; avouant pourtant, comme nous avons vû ci-dessus, lui-même, qu'il avoit omis dans le Code plusieurs matieres *processuales*. Ce ne fut que bien du tems après, qu'il songea à un *Corps de droit*; succombant pourtant bientôt sous le fardeau de ce travail. Je prie mes lecteurs de me pardonner cette digression sur un objet auquel j'ai eu tant de part, & de ne pas attribuer à une sorte de jactance, ce que j'ai detaillé ci-dessus de la protection de ce Grand-Chancelier. J'aurois même pû facilement grossir ce catalogue par une ènumeration aussi pompeuse que vraie des affaires de la derniere importance auxquelles il m'a employé; de l'offre successive de tant d'autres charges honorables, de celle p. e. qu'il me fit, il y a plus de 20 ans, du Directorat de l'academie de Francfort, de la présidence de la Régence de Magdebourg &c. &c. Au moins verra-t-on par là, que j'ai eu assés d'occasions dans l'exercice des hautes place de judicature supérieure, de faire un choix moi-même, (& non à l'aide d'autres yeux, comme font tant d'autres observateurs,) d'observations importantes, qui ont ceci de distinctif, qu'elles sont recueillies la plûpart dans le Tribunal suprême, même à propos d'affaires auxquelles, pour la plus grande partie, j'ai travaillé moi-même, & dont les décisions ont ceci de préférable, qu'on est sûr que dans

dans la ſuite elles n'ont pas été ſujettes à une ſentence réformatoire, puisqu'on y juge en dernier reſſort, (avantage, qui manque, même aux ſentences da la chambre Impèriale, contre lesquelles, en certain ſens, eſt encore ouvert le recours à la Diéte de l'Empire, ou à la reviſion des commiſſaires de la viſitation de la dite Chambre.) On peut attribuer le même avantage à mes obſervations tirées du Collége ſupérieur des réviſions, confiè à ma direction, comme auſſi celui de la Juſtice des Batimens des réſidences royales, qui m'ont fourni également un nombre d'obſervations importantes. Je n'ai pas balancé, à nommer les parties dont les procés ont occaſionné ces remarques, comme ont fait de même mes prédéceſſeurs en pareil genre de travail, (à l'exception des cas criminels;) & cette pratique peut être, & a ſouvent deja été d'une grande utilité à la poſtérité, au cas que les actes & papiers de families, ou s'égarent, ou ſe perdent, & qu'un procés vienne à être renouvellé. Ces déciſions, émanées d'un Tribunal ſuprème, peuvent encore ſervir à couper dans la racine des procés à intenter ſur de ſemblables matieres: chacun pouvant s'aſſurer d'avance, à qoui il doit s'attendre à la fin du procés, & par conſequent préférer un accomodement. Il y a peu de pareils Tribunaux ſuprêmes, dont on ait recueilli les arrêts. *Mevius* a été un des premiers qui l'ait fait, à l'égard du *Tribunal de Wismar*. Monſieur le Vice-Préſident de PUFFENDORF a excécuté la même choſe dans ſes obſervations tirées des arrêts du *Tribunal de Zelle*: & récemment cet exemple a été ſuivi par Monſieur le Préſident de CANNGIESSER dans le recueil des décisions du *Tribunal de Cassel. Gailius*, *Mynsinger &c.* ont eû aussi des successeurs encore plus habile qu'eux, dans des compilations instructives des arrêts de la Chambre de l'Empire. Avec tout l'égard qu'on doit à ces collections respectables, il y a néanmoins cett différence, que le ressort du Tribunal suprême de Berlin s'étend au moins à vingt Régences, ou Cours provinciales de Justice subalternes, qui offrent par conséquent un champ beaucoup plus vaste pour l'observateur. *Grotius* avoit deja formé ce vœu dans l'épitre 740. à son frére du 7 Janv. 1645. (pag. 967. Edit. d'Amst. de 1687. in fol.) en ces termes: „A *Grœnwegio* video nominari *res judicatas*, quibus *contrarias* ego penes me habeo, ut de irritis testamentis, „quæ fiunt apud Tabelliones, non admissos a civitati-„bus. Sed velim, & super quibus Iudicia *variant*, definiri ab iis, quorum summa est potestas: " C'est à dire„; je vois, que *Grœnwegen* honore de la qualification „de *choses jugées*, des sentences, dont il existe entre „mes mains des décisions tout à fait contraires, p. e. „de Testaments, faits par devant Notaires, déclarés „nuls dans ces cités où les Notaires ne sont point ad-„mis. Je souhaiterois donc, que ceux, qui en ont le „pouvoir, ou l'occasion, déterminassent ces points „douteux, sur lesquels varient les Cours de justice. "

Voilà ce qu'on a taché d'excécuter dans ces observations, où sont alleguées les sentences des Cours de justice subalternes provinciales infirmées, ou rectifiées, ou approuvées ensuite en derniere instance par le Tribunal suprême de Berlin, auquel elles ressortissent

ſent toutes. En quoi préciſément ces obſervations ſe diſtinguent auſſi de la plûpart des autres. Il y a encore à glaner, & aſſez de matiere de reſte. Cet ouvrage eſt composé originairement en latin. J'ai jugé àpropos de traduire du latin en françois la Preface & *l'Obſervation premiere*, celle-ci un peu abrégée, par ce qu'elle traite d'une matiere importante du tems, qui a paſſé principalement par mes mains.

Il ne me reſte qu'à demander l'indulgence des Lecteurs à deux égards. Le premier concerne le ſtyle; comme j'écris dans une langue qui n'eſt pas ma langue maternelle, il n'eſt pas poſſible qu'il ne ſe gliſſe beaucoup d'impropriétés dans mes expreſſions. Le ſecond article eſt beucoup plus important: tout ce que je rapporte à mon avantage pourroit me faire ſoupçonner d'une vanité dont je ſuis très éloigné: mais ceux qui ſavent les circonſtances & les ſituations, par lesquelles j'ai paſſé, conviendront que je ne pouvois me diſpenſer d'entrer dans ces détails ſur mon ſujet.

SOM-

SOMMAIRE.

Sommaire de l'Observation premiere tirée du Droit de la nature & des gens, de la capture & détention des Vaisseaux & effets NEUTRES en tems de guerre, jusqu'à quel point elle doit être censée licite? Spécialement 1) des prises, faites par la Marine angloise sur les sujets prussiens, dans la guerre de 1741 jusqu'à 1748. 2) Des prises faites par les Prussiens dans la derniere guerre, sur les sujets Autrichiens, Suedois, Toscans: de la procédure, qui a eû lieu à l'égard de ces deux événements: suivie de deux Corollaires, dont voici le sommaire.

PREMIER COROLLAIRE.

§. 1 SELON le Droit de la nature, une rupture entre deux ou plusieurs Puissances, ne doit ni empecher, ni gêner le commerce d'une Puissance neutre, & de ses sujets, avec l'une ou l'autre des Puissances belligérantes,

§. 2. Dans ce commerce il depend de la convenance des Négocians, ou que le vendeur reste chargé du risque, ou que l'acheteur s'en charge dès l'embarquement. Les Armateurs anglois avoient donc tort de prendre les effets chargés sur des vaisseaux neutres ou mêmes prussiens, sous prétexte que les ennemis actuels de l'Angleterre, c'est à dire les François ou les Espagnols, étoient chargés du risque de ces effets, vendus, suivant les factures & connoissemens, aux sujets prussiens, l'acheteur Prussien n'en avant pas moins acquis la propriété, dès le depart du vaisseau, selon le droit de la nature. Donc c'étoit une injure, faite aux sujets prussiens, que de saisir & declarer ces effets de bonne prise, sous le dit Pretexte; ce que l'Amirauté Brittannique n'a pas laissé de faire.

§. 3 Encore moins a-t-il été permis de saisir ces effets en pleine mer, où chaque vaisseau doit être censé rester sous la domination & protection de la nation ou Puissance, dont il porte, pour cet effet, le pavillon.

§. 4

§. 4. Jusqu'où eſt permiſe la viſite en pleine mer, des renſeignemens & papiers, d'un vaiſſeau, qui ſe dit neutre?

§. 5. Les exemples d'indulgence d'une ou d'autre nation (que les Anglois ont objectés) ne font rien à la queſtion.

§. 6. D'autant moins que le Miniſtére Britannique, par les Lords Carteret & Cheſterfield, avoit donné, au nom du Roi, des Déclarations & aſſurances poſitives à l'Envoyé de Pruſſe, Andrié, que le commerce des ſujets Pruſſiens ne ſéroit gêné abſolument en rien par la Marine angloiſe, pendant la guerre avec la France & l'Eſpagne, ſe rapportant ſpécialement aux Traités de mer, ſubſiſtants entre l'Angleterre & d'autres Puiſſances.

§. 7. Enumération ſpécifique de ces Traités de mer, depuis 1648 juſqu'à 1714 & de la Contrebande, laquelle y eſt exceptée & détaillée.

§. 8. L'Amirauté britannique ayant prononcé contre la déclaration expreſſe, rélative à ces Traités, au grand préjudice des ſujets Pruſſiens, ſes Sentences ne peuvent être d'aucune valeur, & ont donné juſtement lieu autre aux Répréſailles &c. &c.

SECOND COROLLAIRE.

Contenant la Réfutation de la Défenſe imprimée du Miniſtére Britannique, oppoſée au premier Corollaire.

§. 1. Réfutation du principe Britannique, que pendant une guerre il ſoit permis à l'une ou l'autre de Parties belligerantes, de ſaiſir des effets de l'ennemi, ſur des vaiſſeaux d'une Puiſſance amie ou neutre.

§. 2. La Reine d'Angleterre, ELISABETH, a reconnu & approuvé Elle-même par ſon exemple, le principe, que le vaiſſeau libre rend la marchandiſe libre, & qu'il faut, dans la regle, une convention ſpeciale, pour acquérir le droit, de viſiter en pleine mer les vaiſſeaux neutres. La Reine MARIE d'Angleterre repondit de même à à la demande de GUSTAVE I. Roi de Suede, l'an 1556, de ne point continuer le commerce avec la Russie (contre la quelle il méditoit une guerre,) „qu'elle ne pouvoit „point empêcher les Sujets Britanniques, de faire voile, „par où ils le trouveroient bon.“ Loccen. Hist. Suec. Lib. V. Ce même Loccenius atteste Liv. IV. p. 148. que, lorsque le Roi de Pologne, JEAN II. exigea de la Ville Anséatique Lubec, de ne point mêner des munitions de guerre & de bouche aux Suedois, alors en guerre avec lui, elle eût le courage, de lui repondre sans detours: „qu'elle „etoit neutre dans cette guerre, & ne pouvoit par consé-„quent point souffrir par les querelles des Rois, encore „moins être exclue de la liberté du commerce &c.“

§. 3. On montre, jusqu'à quel point, cette visite selon le Droit de la Nature, est permise?

§. 4. Et dans quelles circonstances? comme pourroit être le soupçon sur l'authenticité des Papiers de mer &c. il peut être permis, de saisir en pleine mer, un vaisseau suspect, & de le méner dans un Port.

§. 5. De quelle maniere il faut procéder alors, & que surtout il ne faut pas arrêter trop longtems un pareil vaisseau.

§. 6. Le Ministére aussi bien que l'Amirauté britanique a procédé contre ces Principes.

§. 7. Specialément contre les Déclarations sus-mentionnées, quoique données anteriéurement.

§. 8. On justifie les réprésailles de la part de la Prusse, & on en démontre la legitimité.

§. 9. On raconte le maniére specielle, dont on s'y est pris, & l'on finit par demontrer, qu'on n'a pas, par ces réprésailles, donné atteinte aux Traités de Paix précédens.

Obser.

LISTE de tou

britanniques

lesquel

le

No. des vaiss.	Vaisseaux qui étoient pris, ou relachés par le[s ar]mateurs après avoir examinés, qu' aucune des [par]ties, se soit addr[essées] à aucune cour d[e ju]stice.

No.	Noms des vaisseaux.	Si pris, relachés par les armateurs après être examinés, sans que l'un ou l'autre des parties se soyent addressées là dessus à aucune cour de justice.	En
27	Les sixSoeurs, *de Lubec* Cap. *Pierre Zaan.*	- - -	de B
28	La St. Anne, de *Hamb.* Cap. *Abrah. Peterfen.*	- - -	de H bo
29	Le jeune Eidert, de *Hambourg* Cap. *Jasper Steven.*	- - -	de R
30	Le juste Henry, de *Hambourg* Capit. *Henri Elkers.*	- - -	de F bo
31	L' Elisabeth Capit. *Swren Paterfen.*	- - -	de H d
32	Le demoiselle Claire Capit. *HermannClassen Driest.*	- - -	de H
33	L' Adolph Frederic Cap. *Jonas de Haspen.*	- - -	de N bo

LISTE de tous les vaiffeaux *pruffiens* pris fur mer durant la derniere guerre par des armateurs *britanniques*, tant de ceux qui ont feulement été examinés, & puis relachés que de ceux fur lesquels il y eut procédure juridique; avec les jugemens prononcés là-deffus dans les cours d'amirauté de la Grande-Bretagne, repondant à la LISTE de Sa Majefté *Pruffienne* cottée (A).

No. des vaiff.	Vaiffeaux qui s'i's étoient pris, ont été relachés par les armateurs après les avoir examinés, fans qu'aucune des parties, fe foit addreffée à aucune cour de juftice.	Vaiffeaux & effets reftitués, avec tous depens & dommages caufés par la capture.	Vaiffeaux reftitués, avec fret fuivant les connoiffemens, pour les effets qui fe font trouvés appartenir à l'ennemi, & ont été declarés de bonne prife.	Vaiffeaux & effets reftitués, mais fans depens, à caufe des circonftances du cas.	Vaiffeaux & Cargaifons reftitués, mais condamnés aux depens. Dans ces cas il s'eft trouvé, ou que les preuves de propriété, requifes par les Us & coutumes de mer, manquoient, ou que les papiers à bord des vaiffeaux, & les depofitions des equipages, donnoient jufte lieu de préfumer que les cargaifons appartenoient à l'ennemi: alors fi les demandeurs deftinoient de prouver la propriété par des preuves legales & ufitées, & n'obtinoient reftitution que fur la foi de leurs propres certificats donnés fous ferment, les cours d'amirauté ont toujours prononcés de même.	Cargaifons condamnées, en tout, ou en partie, & qui dans les Liftes A & B, ne font point mentionnées comme ayant appartenuës à des fujets *pruffiens*, ce qui fait affez voir, qu'elles étoient indubitablement de bonne prife.	Appels des Sentences de l'amirauté
1	La Frederique Amitié Capitaine *Springer*.						
2	- - - -	- - -	- - -	- - -	- - -	Les Jumeaux Capit. *Knuth*.	
3	- - - -	L'Anne Elizabeth, Cap. *Daniel Schultz*, les depens & dommages liquidés à 2801 l. 12 s. 1 d.					
4	La Cathrine Chriftine Cap *Frederik Berend*.						
5	- - - -	- - -	- - -	- - -	La dame Juliane Capit. *Martin Preß*.		
6	- - -	- - -	- - -	- - -	Le Frederic II. Roi de Pruffe Cap. *Chretien Schultz*		
7	- - -	- - -	- - -	- - -	Le vaiffeau au bon vent Cap. *Mich. Jurianfen*		
8	- - -	- - -	- - -	- - -	- - - -	Le foleil d'or, Cap. *Jacob Ridder*.	
9	- - -	- - -	- - -		la Dagerood, Cap. *Martin Sperwin*		
10	- - -	- - -	- - -	- - -	- - -	Le Frederic II. Roi de Pruffe, Cap. *Chret. Schulz*.	
11	- - -	- - -	L'Aigle d'or. Capit. *Onne Arends*.				
12	- - -	- - -	- - -	- - -	Les deux Freres, Cap. *John Haller*.		
13	- - -	- - -	- - -	- - -	- - - -	Le jeune André, Cap. *Henry Barkhom*	
14	- - -	- - -	La Dorothée Sophie, Cap. *P. Kettelhuth*.				
15	- - -	- - -	Les deux Freres, Capit. *A. Augustinus*.				
16	Le St. Jean *) Capit. *Jean Groffe*.						
17	Le jeune Tobie, Capit. *Paul Otto*.						
18	- - -	- - - - - -	- - - - - -	Le petit David, Cap. *Mich. Bngdahl*.			

*) Le 3 de ce prefent mois de *Fevrier*, le Duc de *Newcaftle* réçut une lettre de Mr. *Wolters*, Agent de Sa Majefté à *Rotterdam*, qui renfermoit la declaration fuivante;

Dans *l'expofition que Sa Majefté* Pruffienne *a donnée au public, des vaiff aux de fes fujets pris par les* Anglois *dans la derniére guerre, j'ai remarqué dans la lifte A. Nr. 16. que le navire le* St. Jean, *capitaine* Jean Groffe,

)(

y eft

y est notté, comme ayant reçu quelques dommages, au prejudice des propriétaires prussiens. *Comme le fait m'est connu, ayant été seul proprietaire de sa cargaison, je veux en cette qualité rendre temoignage à la verite, pour servir où il appartiendra. D'ailleurs, je ne puis comprendre, comment les sujets* prussiens *osent demander un dedommagement, qu'ils ont deja plus que reçu, comme je vais les en convaincre.*

Dans le mois de Novembre 1747, *je fis fretter à* Bourdeaux, *& recharger à* Livourne, *le dit navire avec* 158¾ *tonneaux de vin blanc. Le* 1 Dec. *suivant ce navire mit en mer; le 11 du dit mois il se trouva à la hauteur des Dunes; là il fut rencontré par le corsaire* anglois, *nomme le prince* d'Orange, *qui envoya à bord du navire* prussien *six hommes de son equipage, & fit venir à son bord le pilote* prussien *avec les papiers de mer, pour en faire l'examen. Le 12 du dit mois, etant à l'ancre sous les cingles, il s'éleva une furieuse tempête de la part du W. S. W. qui obligea le capitaine* prussien, *du consentement de son equipage, & des six* anglois *pour lors dans son bord, de couper le cable pour gagner la mer. Ce navire entra ensuite dans le passage* de Browershave *en* Hollande, *le 15 du dit mois de* Decembre, *sans avoir eu d'autre dommage, que la perte d'une partie de son cable, & d'une ancre, & arriva ensuite à* Rotterdam *le 21 du susdit mois. Tout ceci est constaté par la declaration du capitaine & de son equipage, passée, le* 4 Janvier, 1748, *par devant* Jacob Bremer, *notaire public dans* Rotterdam; *ensuite fermenté, le 6 du dit mois, par devant les commissaires de la chambre de la marine.*

Apres que le navire fut dechargé, le capitaine me fit fournir son compte d'avarie grosse, dans lequel il portoit les articles suivants:

1) Pour la perte de son cable & de son ancre.

2) Pour la nourriture de 8 jours à 6 hommes, qui avoient été mis, par le corsaire anglois *sur son bord.*

3) Pour un passeport que je lui fis donner à la Haye *par l'envoye de* Prusse, *qui couta 3 à 4 Florins.*

*Je lui payai, pour ma portion dans cette avarie grosse, 704 Florins, argent courant d'*Hollande, *en outre 105 Florins dont je fis present au capitaine* Grosse, *& 10 l. 10 s. aussi de present aux matelots qui composoient son equipage. Outre tout ceci, il m'en a couté 20 Florins ou eviron, en* Angletere, *pour autant que Messieurs* Simond Freres *avoient deboursé par mon ordre pour le pilote* prussien *qui étoit resté à bord du corsaire lorsque la tempete les separa.*

Ceux qui se connoissent en navigation, & en armement de navire, ne pourront disconvenir, que les proprietaires prussiens *se trouvent, au moyen de 839 f. 10. courant* d'Hollande, *que je leur ai payés, plus que remboursés de toutes leur pretensions; & s'ils peuvent, avec quelque fondement, en demander d'autres.*

Tout ce qui s'avance ci-dessus peut se verifier par des pieces authentiques, (à la reserve des presents, ou gratifications, au capitaine ou à son equipage, montant à 115. 10. dont je n'ai pas retiré de quittance) en vertu de quoi j'ai signé la presente declaration. Rotterdam, ce 30 Janvier, 1753.

Pierre Trapaud, le jeune.

La declaration ci-dessus à été signée en ma presence, & les pièces originales y mentionnées m'ont été produites. En foi de quoi je signe la presente attestation, & y appose le cachet de mes armes. à Rotterdam, ce 30 Janv. 1753.

(L. S.) **R. Wolters.**

LISTE de tous les vaisseaux neutres pris durant la derniere guerre par des armateurs *britanniques*, & dans les cargaisons desquels les sujets de *Prusse* pretendent avoir été interessés, avec les jugemens prononcés là-dessus par les cours d'amirauté de Sa Majesté *Britannique*; repondant à la LISTE de Sa Majesté *Prussienne* cottée (B).

No.	Noms des vaisseaux.	Si pris, relachés par les armateurs après être examinés, sans que l'un ou autre des parties se soyent addressées la dessus à aucune cour de justice.	En quel voyage pris.	Sentences quant aux vaisseaux.	Sentences quant aux effets.	Sur quels motifs.	Appels
1	La Cecile Capit. *Bois Swensen.*	- - -	de Cette à Altena	Restitué	Restitués	Sur serment de proprieté.	
2	Le Nahring Capit. *Chret. Tiedeman.*	- - -	de la Rochelle à Bourdeaux	Restitué	Restitués	Sur serment de proprieté.	
3	La demoiselle Jeane Cap. *Joachim Peun.*	- - -	de Hambourg à Cadiz	Restitué	Restitués	Sur serment de proprieté.	
4	Le Carlshavner Weiffel Capit. *Jean Holme.*	- - -	de Hambourg à Cadiz	Restitué	Restitués	Sur serment de proprieté.	
5	L'Anne Elizabeth Capit. *Chretien Alau.*	- - -	de Hambourg à Cadiz	Restitué	Partie restitués Partie condamnés	Sur serment de proprieté. Faute de serment de proprieté.	
6	Le Gustave Prince royal Cap. *Barthow Muhl.*	- - -	de Hambourg à Cadiz	Restitué	Partie restitués Partie condamnés	Sur serment de proprieté. Faute de serment de proprieté.	
7	Le jeune Benjamin Capit. *H. Neufchilling.*	- - -	de Hambourg à Cadiz	Restitué	Partie restitués Partie condamnés	Sur serment de proprieté. Faute de serment de proprieté.	
8	Le Prince Frederic Cap. *Jean Hartmann.*	- - -	de Hambourg à Bilbao & à Bayonne	Restitué	Restitués	Sur serment de proprieté.	
9	Le Marie Joseph Cap. *Feurier Rouge.*	- - -	de Hambourg à Cadiz	Restitué	Restitués	Sur les papiers du vaisseau.	
10	L'Union Cap. *Jean Struckmann*	- - -	de Bourdeaux à Hambourg	Restitué	Partie restitués Partie condamnés	Sur serment de proprieté. Faute de serment de proprieté.	
11	Le Neptune Cap. *Sonder Heeren.*	- - -	de Nantes à Hambourg	Restitué	Restitués	Sur serment de proprieté.	
12	Le St. Paul *) Cap. *Gent. Hinrichsen.*	- - -	de Nantes à Hambourg	Restitué	Partie restitués Partie condamnés	Sur serment de proprieté. Faute de serment de proprieté.	
13	La Couronne Capit. *Pierre Classen.*	- - -	de Nantes à Hambourg	Restitué	Restitués	Sur serment de proprieté.	
14	La demoif. Catharine Cap. *Wilcke de Vries.*	- - -	de la Rochelle à Altena	Restitué	Partie restitués	Sur serment de proprieté.	
15	La Concorde Cap. *Claes Eichels.*	- - -	de la Rochelle à Hambourg	Restitué	Partie restitués Partie condamnés	Sur serment de proprieté. Faute de serment de proprieté.	
16	La Feaune Cap. *Gerh. Rog. Altng.*	- - -	de Charente à Hambourg	Restitué	Partie restitués Partie condamnés	Sur serment de proprieté. Faute de serment de proprieté.	
17	L'Amitié Cap. *Jean Quimann.*	- - -	de la Rochelle à Hambourg	Restitué	Partie restitués Partie condamnés	Sur serment de proprieté. Faute de serment de proprieté.	
18	Le jeune Prince Chretien Cap. *J. Corn. Leuwen.*	- - -	de Marseilles à Hambourg	Restitué	Restitués	Sur serment de proprieté.	
19	La demoif. Marguerite Cap. *Henri Bielenberg.*	- - -	de Bourdeaux à Hambourg	Restitué	Partie restitués Partie condamnés	Sur serment de proprieté. Faute de serment de proprieté.	
20	Le Roxier Cap. *Pierre Classen.*	- - -	de Bourdeaux à Hambourg	Restitué	Restitués	Sur serment de proprieté.	
21	La Marie Sophie Cap. *Chret. Gregersen.*	- - -	de la Rochelle à Hambourg	Restitué	Partie restitués Partie condamnés	Sur serment de proprieté. Faute de serment de proprieté.	
22	L'Anne Sophie Cap. *H. H. de Wolgast.*	Rélaché. - -	de Bourdeaux à Kœnigsberg				
23	Le Hop de Danzig Cap. *Conrad Harlach.*	- - -	de Bourdeaux à Danzig	Restitué	Restitués	Sur serment de proprieté.	
24	Le jeune Jean *de Petersbourg.* Cap. *Thomas Siefers.*	- - -	de Bourdeaux à Hambourg	Restitué	Restitués	Sur serment de proprieté.	
25	Le Gregoriet de Breme Cap. *Jacob Müller*	- - -	de Bourdeaux à Hambourg	Restitué	Partie restitués Partie condamnés	Sur serment de proprieté. Faute de serment de proprieté.	
26	La jeune Catherine commandée p. le Capit. *Kupper* ensuite par le Capit. *Elker.*	Rélaché - -	de Bourdeaux à Hambourg				

No

*) Des certificats de proprieté sous serment ayant été produits le 29 Janvier à la cour d'amirauté, & jugement demandé de la part du plaignant *prussien*, la restitution de ses effets lui a là-dessus été adjugée.

X 2

No.	Noms des vaiſſeaux.	Si pris, relachés par les armateurs après être examinés, ſans que l'un ou l'autre des parties ſe ſoyent addreſſées là deſſus à aucune cour de juſtice.	En quel voyage pris.	Sentences quant aux vaiſſeaux.	Sentences quant aux effets.	Sur quels motifs.	Appels
27	Les ſix Soeurs, *de Lubec* Cap. *Pierre Zaan.*	- - -	de Bourdeaux à Lubeck	Reſtitué	Reſtitués	Sur ferment de proprieté.	
28	La St. Anne, de *Hamb.* Cap. *Abrah. Peterſen.*	- - -	de Bourdeaux à Hambourg	Reſtitué	Partie reſtitués Partie condamnés	Sur ferment de proprieté. Faute de ferment de proprieté.	
29	Le jeune Eidert, de *Hambourg* Cap. *Jaſper Steven.*	- - -	de Rouen à Hambourg	Reſtitué	Partie reſtitués Partie condamnés	Sur ferment de proprieté. Faute de ferment de proprieté.	
30	Le juſte Henry, de *Hambourg* Capit. *Henri Elkers.*	- - -	de Bourdeaux à Hambourg	Reſtitué	Partie reſtitués Partie condamnés	Sur ferment de proprieté. Faute de ferment de proprieté.	
31	L' Eliſabeth Capit. *Soeren Paterſen.*	- - -	de Hambourg à Bourdeaux	Reſtitué	Reſtitués	Sur ferment de proprieté.	
32	Le demoiſelle Claire Capit. *Hermann Claſſen Drieſt.*	- - -	de Hambourg à Rouen	Reſtitué	Reſtitués	Sur ferment de proprieté.	
33	L' Adolph Frederic Cap. *Jonas de Haſpen.*	- - -	de Marſeilles à Hambourg	Reſtitué	Reſtitués	Sur ferment de proprieté.	

quel voyage pris.	Sentences quant aux vaiſſeaux.	Sentences quant aux effects.	Sur quels motiſs.	Appels
urdeaux à Lubeck	Reſtitué	Reſtitués	Sur ſerment de proprieté.	
ourdeaux à Ham-urg	Reſtitué	Partie reſtitués Partie condamnés	Sur ſerment de proprieté. Faute de ſerment de proprieté.	
ouen à Hambourg	Reſtitué	Partie reſtitués Partie condamnés	Sur ſerment de proprieté. Faute de ſerment de proprieté.	
urdeaux à Ham-urg	Reſtitué	Partie reſtitués Partie condamnés	Sur ſerment de proprieté. Faute de ſerment de proprieté.	
mbourg à Bour-aux	Reſtitué	Reſtitués	Sur ſerment de proprieté.	
ambourg à Rouen	Reſtitué	Reſtitués	Sur ſerment de proprieté.	
arſeilles à Ham-urg	Reſtitué	Reſtitués	Sur ſerment de proprieté.	

Obſervation I. tirée du Droit de la Nature & des Gens, touchant la capture & la détention des *Vaiſſeaux & Effets neutres*, dans la guerre: jusqu'à quel point elle doit être cenſée licite? Specialement

1) des priſes faites par la Marine *Angloiſe*, ſur les ſujets *Pruſſiens*, dans la guerre de $17\frac{41}{48}$.
2) des priſes faites par les *Armateurs Pruſſiens*, dans la dernière guerre, ſur les ſujets Autrichiens, Suèdois & Toſcans.

De la procédure qui a eû lieu à l'égard des unes & des autres &c. Voyez le reſte ci deſſus, au commencement du *ſommaire* général.

De tout tems ce ſujet a exercé le génie des plus grand Jurisconſultes. En effet il ſe préſente ici des queſtions auſſi importantes que curieuſes, dont le dévéloppement m'a été confié dans les deux occaſions ſusdites.

Il ne s'agit point ici *des Pirates*, *Corſaires*, *Ecumeurs de Mers*, mais d'*Armateurs*, munis d'une Commiſſion publique, pour affoiblir les forces ennemies *en pleine mer*. Sous cette reſtriction néanmoins, qu'ils mènent les priſes faites ſur mer, dans un port de leur nation, ou dans ceux d'une nation amie, & attendent la *Sentence*, touchant la légalité ou l'illégalité de ces mêmes priſes, (qui eſt ce qui diſtingue les Armateurs des Pirates). Il y a pour cet effet dans les Etats maritimes (comme en Angleterre) une Amirauté, ou autre *Commiſſion des Priſes.* Il y eut une pareille Commiſſion créée à Berlin dans la dernière guerre, à laquelle je fus aggrégé.

Cet objet ſe reduiſſoit aux deux points principaux, ci-deſſus détaillés, auxquels s'en joignoit dans la dernière guerre un *troiſième*, touchant les priſes, faites par des armateurs Pruſſiens ſur des ſujets, & marchands, ſoit Génois, Vénitiens, Hambourgeois, Turcs, Juifs &c. ſortis de la rade de *Livourne*, où il y a un *Port franc*, les quels ne vouloient point pour cette raiſon, être cenſés *Marine Toſcane*, ſur la quelle les armateurs Pruſſiens avoient charge alors de faire des priſes, mais reclamant leur vrai pavillons *neutre* alors, ſe croyoient en conſéquence à l'abri des courſes des armateurs Pruſſiens.

Quant *au premier Point*, c'eſt à dire, rélativement *aux priſes, faites par les armateurs Anglois ſur les ſujets Pruſſiens, dans la guerre de* 17$\frac{4}{4}\frac{1}{8}$, il eſt hors de doute, que ces armateurs avoient ſouvent agi contre le Droit des gens, & contre les déclarations expreſſes de la Cour Brittannique, ayant pris en pleine mer, *tantôt* des *vaiſſeaux Pruſſiens*, ſous prétexte que ceux-ci étoient chargés de marchandiſes non contrebande, mais reputées appartenir à des ſujets françois ou eſpagnols, pour lors ennemis de la Grande Bretagne; *tantôt* ils avoient enlevé des *marchandiſes* non contrebandes, appartenantes aux ſujets pruſſiens neutres, ſous prétexte, *ou* que des ſujets françois & eſpagnols en étoient reſtés propriétaires, *ou* que la propriété & la qualité du vaiſſeau étoit ſuſpecte & douteuſe. Dans l'un & dans l'autre cas ils avoient mené ces *vaiſſeaux*

&

& ces *marchandises*, dans un des ports de la Grande Bretagne, les y avoient détenus un très long tems, à la fin du quel l'Amirauté Angloise, juge en sa propre cause, après de longues procédures & de grands fraix, les avoit déclarés de bonne prise pour la plûpart.

L'Occasion manquoit alors au Roi, de venger cette injustice, dont on avoit souvent mais inutilément, demandé & tenté la reparation à l'amiable; à la fin elle se présenta d'elle même, par l'échéance du tems, où devoit être acquité le reste des capitaux, affectés sur la Silésie, au profit de quelques sujets Anglois.

Le Roi saisit avec raison cette occasion, pour déclarer à la Cour Brittannique, qu'usant enfin de représsailles, il étoit dans l'intention, de retenir ces debtes, jusqu'à ce que le Gouvernement Anglois eût indemnisé les Prussiens des pertes & dommages ci dessus mentionnés. Il s'agissoit à cet effect, d'établir une Commission royale, pour examiner & déterminer légalément ces pertes, & elle fut établie par un Rescript commissorial du Roi, expedié à Berlin le 7 Dec. 1751. qui fut fait avec soin, & qui pour cette raison mérite une place ici.

„Nous, FREDERIC, par la Grace de Dieu, „Roi de Prusse &c. &c. &c. Salut &c. Ayant résolu „d'acquitter l'année prochaine le reste des Capitaux, „que la nation Angloise avoit avancée ci-devant sur „l'hypothèque de la Silésie. Nous ne sommes pas „sans espérance, de trouver, dans cette circonstance, „l'occasion de procurer une juste indemnisation à

„nos sujets, lésés injustement dans la dernière guerre „par les déprédations de la marine Angloise.

„Etant pour cet effet nécessaire avant toutes „choses, que cette lésion & perte de nos dits sujets „soit examinée & déterminée selon la nature & les „circonstances des cas, & selon les regles du Droit, „Nous avons trouvé bon, de vous charger de cette „Commission, vous, Nos Conseilleurs privés de „Justice, de *Furst* & *Behmer*, Notre Conseiller privé „des Finances, *Fæsch*, & Notre Conseiller de Com„merce, *Kuhn*, par un effet de Notre confiance en „votre intégrité, capacité & expérience. Et comme „Nous avons fait notifier la création de cette Com„mission à Nos sujets, y intéressés, par toutes Nos „Chambres de Guerre & des Domaines, Nous vous „ordonnons gracieusement, d'entendre Nos dits „sujets, d'examiner avec attention leurs plaintes, & „nommément de vous informer, de quelle nature „peuvent être les vaisseaux & effets pris sur eux, „s'ils peuvent être censés de contrebande ou non, „selon le Droit des Gens, selon l'observance reçuë „entre les Etats Souverains, surtout selon la décla„ration du Ministère Brittannique, faire à Notre „Ministre Andrié, ci-devant Résident en Angleterre, „ci-jointe. (Elle se trouve à la fin de cette observation.) „Vous ne manquerez pas, d'enjoindre à nos sujets, „de justifier leurs prétensions par des Connoissemens, „Factures, par leurs Livres de commerce, & autres „documens semblables, usités en pareils cas: de tenir „un Protocolle séparé de chacune des liquidations, „d'arrèter ensuite un résultat de commun accord, „de dresser en conformité une Sentence, & de Nous „l'a-

„l'adresser en son tems avec les motifs de décision; „vous recommandant, d'en hâter le plûtôt possible, „l'arrêté, avant le terme, qui approche, où doivent „être acquittées les dites sommes hypothèquées sur la „Silésie. Comme Notre intention en tout ceci est „pure, & ne tend à autre chose, qu'à procurer à Nos „sujets, lésés sans leur faute, une indemnisation juste „& légale, Nous vous faisons souvenir de votre „serment, prèté à Nous & à la Justice, de ne favoriser „personne de Nos sujets mêmes, de procéder à l'exa„men de leurs liquidations, avec toute la rigueur & „avec la plus parfaite impartialité, & de ne rien ab„solument leur adjuger, qui ne puisse être justifié de„vant Dieu & devant toute la terre, afin que la na„tion Brittannique n'ait pas le moindre sujet de croire, „que Notre intenton pût être, de gratifier en ceci „nos sujets, au delà des bornes de la justice. Sur „ce &c. Donné à Berlin, ce 7 de Decembre, 1751.

FREDERIC.

Rescript commissorial aux Conseilleurs Privés de Justice de *Fürst* & *Behmer*, au Conseiller Privé des Finances *Fasch*, & au Conseiller de Commerce *Kühn*.

plus bas

Cocceji. v. Podowils.
Bismark. Finkenstein.

Il s'agissoit donc, de poser des principes fondamentaux, pris du Droit de la Nature & des Gens, pour juger en conséquence tant de ces différens. Je fus chargé en particulier de dresser & de rediger ces principes dont les principaux chefs formerent l'écrit imprimé & publié l'an 1752. sous le titre suivant.

„Exposition des motifs, fondés sur le Droit des „Gens, universellement reçu, qui ont déterminé le „Roi, sur les instances réitérées de ses sujets, com„merçans par mer, à mettre arrêt sur les capitaux, „que Sa Majesté avoit promis de rembourser aux sujets „de la Grande Bretagne, en vertu des Traités de paix „de Breslau & de Dresde, & à procurer sur les dits „Capitaux à Ses sujets susmentionnés le dédommage„ment des pertes, que leur ont causé les déprédations „& les violences des Armateurs Anglois, excercées „contre eux en pleine mer.

Comme ces questions reviennent à chaque guerre sur mer, nous aurons soin d'exposer, chacun à part, les principes, qui y sont relatifs, n'ayant pas voulu interrompre (en les insérant ici) le fil de la narration, en attendant on les trouve indiqués dans le sommaire qui est ci dessus. Conformément à ces mêmes principes, la commission a publié le 1 Juillet 1752 la sentence, (dont la teneur principale fut annoncée alors dans les Gazettes de Berlin du 4 Janv. 1753.) & dont voici un extrait, qui prouve en même tems l'exactitude & l'impartialité des procédures de la Commission.

„Sa Majesté le Roi, notre très gracieux Sou„verain, nous ayant ordonné par le Rescript du 7 Dec. „1751. d'entendre les sujets Prussiens lésés, dans la „dernière guerre, par la Marine Angloise &c. &c. „(comme ci-dessus) nous sommes d'avis, que comme „selon le Droit des Gens, & l'Observance de mer, „reçuë & pratiquée de tout tems, en conformité des „traités de mer, entre les Puissances souveraines,

„1) les

„1) les Armateurs Anglois n'ont pas été en droit, de „ſaiſir & de détenir dans les ports brittanniques, les „vaiſſeaux Pruſſiens, ou autres vaiſſeaux neutres, en „courſe, ſoit vers les ports ennemis, ou à leur retour „d'iceux: ſoit en général, ſoit en particulier, ſous le „prétexte, que la cargaiſon, ou une partie d'icelle „auroit appartenu aux ennemis de la Grande Bretagne. „2) Les Traités de mer, & ſpécialèment la décla-„ration du Miniſtère Brittannique, faite au Miniſtre „Pruſſien, Andrié, déterminant avec exactitude, la „qualité de la contrebande pendant la guerre, & „que tant les effets permis, quoique appartenants à „l'ennemi, qu'en général, *bois*, *froment* &c. ne doi-„vent point du tout être reputés contrebande. „3) Donc l'Amirauté & les Cours de Juſtice Brittan-„niques ayant agi contre le Droit des Gens, & contre „cette déclaration, en déclarant de bonne priſe, ces „effets permis, 4) par conſéquent de ſemblables ar-„rètés ne pouvant jamais acquérir force de choſe „jugée: Nous diſons, qu'il eſt juſte, de bonifier aux „ſujets pruſſiens, toutes ces pertes, eſſuyées, *ou* par „la ſaiſie & détention injuſte des *vaiſſeaux Pruſſiens*, „& de leur cargaiſon permiſe; *ou* par la ſaiſie & dé-„tention injuſte d'autres *vaiſſeaux neutres*, ſur lesquels „ils auroient fait charger des marchandiſes permiſes; „*ou* par la confiſcation de leurs *effets*, trouvés à bord, „tant des vaiſſeaux Pruſſiens, que neutres; *ou* enfin „par les procédures injuſtes, ſomptueuſes, & lentes „des Cours de Juſtice Brittanniques: tous ces prin-„cipes étant déduits plus amplement dans un ex-„poſé particulier; & après l'examen le plus rigou-„reux & le plus impartial de chacune des préten-

tions:

„tions: Nous avons arrèté ce qui ſuit, à l'égard „d'un chacun:

„Somme liquidée					Somme arrétée					
					Capital.			Interets.		
p. e.	„Risd.	gr	pf		Risd.	gr	pf	Risd.	gr	pf
	„ 400	23	—	1) Tornicke & Pungel de Stettin & ainſi du reſte.	328	16	—	72	7	—
	„									
	„									
Somme totale	239840	3	1	Somme totale	156486	20	4	33283	8	1

„Nous avons au contraire débouté de leurs demandes „les ci deſſous nommés, demandeurs en liquidation, „(les noms étoient ſpécifiés) tant parcequ'ils n'ont pas „prouvé, que ç'ait été réellement des armateurs An„glois, qui les ayent conſtitués en perte, que parce„qu'ils ont chargé leurs marchandiſes ſur des vaiſ„ſeaux ennemis, en outre par ce que cette perte, n'a „pas été cauſée en pleine mer, mais ſur le Rhin, dont „il n'eſt pas queſtion ici, enfin parcequ'ils n'ont pas „prouvé leur perte. Somme totale des déboutés „4175. Risd. 19 gr. 6 pf. Berlin ce 1 Juillet, 1752.

v. Fürſt, Behmer, Kühn.

Le Miniſtère Brittannique ne manqua pas, de répondre, à notre expoſé, par une lettre, du Duc de Newcaſtle, publiée en Anglois & en François „donnée „du 8 Fevrier 1753. & écrite par ordre de Sa Majeſté „Brittannique, à Mr. Michell, Secretaire d'Ambaſſade „de Sa Majeſté Pruſſienne, en réponſe à l'expoſition „des motifs du Roi de Pruſſe &c. à la Haye, 1753.„ munie d'un mémoire de quatre Juriſconſultes Brittanniques,

niques, le chevalier *Lee*, juge de la cour primatiale, le Docteur *Paul*, avocat général du Roi aux tribunaux de Droit Civil; le chevalier *Ryder*, procureur général, & *W. Murray*, sollicitеur général de Sa Majesté, le Roi de la Grande Bretagne.

Il falloit *repliquer*, & j'en fus encore chargé. Voici le Rescript du Roi de Prusse, en date du 28 Fevr. 1753. adressé à la commission.

„Nous, par la Grace de Dieu, FREDERIC, Roi „de Prusse &c. Salut &c. Comme la Cour Brittannique „à donne pour réponse la lettre imprimée ci-jointe au „mémoire présenté par Notre Secretaire de Légation „Michel, à Londres, touchant la bonification des „pertes considérables, causées dans la dérniere guerre „à Nos sujets, par la Marine Angloise, & que Nous „trouvons indispensable, qu'on y replique d'une façon „solide, d'autant plus, que Nous avons remarqué, „que de la part de la Cour Brittannique ou a mêlé dans „la dite reponse, différentes imputations fausses & „des objections futiles, lesquelles il s'agit d'examiner „bien scrupuleusément, avant que de procèder à la „reqlique, nous avons donc trouvé bon, de vous char„ger de cette commission, vous, Notre Ministre „d'Etat & de Guerre de *Bismark*, vous, Nos conseillers „privés de Justice *Loeper* & *Behmer*, vous, Nos con„seillers privés des Finances, *Fœsch* & *Ursinus*, & „finalement, vous, Nos conseillers privé & de com„merce, de *Campagne* & *Kuhn*, par un effet de Notre „confiance particulière en vos lumières, votre in„tégrité, capacité & expérience, vous ordonnant très „gracieusement, d'entamer sans délai cette commis„sion, de faire de nouveau une révision exacte des

 „sen-

„ſentences prononcées par la commiſſion antérieure, „de les confronter avec les oppoſitions, & imputa- „tions fauſſes de la Cour Brittannique, comme auſſi „d'analyſer & de rechercher les raiſons & faits, four- „nis par le Miniſtére Brittannique dans la dite lettre, „& de les refuter, d'entendre encore, ſi le cas le re- „quiert, Nos ſujets & les raiſons ultérieures qu'ils „croîront devoir alléguer. Vous ne manquerez pas, „après vos opérations finies dans cette affaire, de „nous en faire adreſſer un rapport exact, en y joig- „nant votre avis, conformément au devoir de vos „charges. Sur ce &c. Donné à Berlin ce 28 Fevr. 1753.

FREDERIC

Reſcript commiſſorial addreſſé au Miniſtre d'Etat de *Bismark*, aux Conſeillers privés de Juſtice, *Loeper* & *Behmer*, aux Conſeillers privés & du Commerce, *de Camgagne* & *Kühn*.

& plus bas

Cocceji, Podewils, Finckenſtein.

Cette replique contenoit à la fois les principaux chefs de la réponſe brittannique, avec leur refutation, & ſoutenoit les *répréſſailles* pruſſiennes. On en à vu l'idée ci-deſſus, dans le ſommaire général, & pour mettre ſous les yeux du lecteur l'hiſtoire de ce procés, j'ai eu ſoin de faire placer à la fin, parmi les pieces juſtificatives 1) *la replique générale au rapport des Commiſſaires Anglois*, quant au *Droit* &c. 2) *la replique à la defenſe brittannique* quant aux Facts: Cette affaire en eſt reſtée là, parceque la Cour Brittannique avoit trouvé bon, de s'arranger à l'amiable, aſſignant une certaine ſomme, pour l'indemniſation en queſtion, la quelle ſomme fut diſtribuée par devant la commiſſion,

ſion, entre les ſujets pruſſiens, ſpécifiés dans la ſentence ci-deſſus mentionnée; & ainſi ſe termina heureuſément cette guerre de plume. Nous voici maintenant au

Second point de cette Obſervation, c'eſt à dire; des priſes faites dans la dernière guerre par les armateurs pruſſiens (munis d'une lettre ſpéciale de commiſſion royale) ſur les *Antrichiens*, *Suedois* & *Toſcans*.

Grotius de J. B. & P. L. 3. C. 6. §. 8. démontre la juſtice d'une pareille commiſſion, & de la part de la priſe, que l'armateur en doit donner à la puiſſance, dont il porte le pavillon, & dont il a obtenu cette commiſſion & licence: mais à fin qu'elle ne dégénère pas en piraterie, il faut 1) une lettre publique de commiſſion & d'inſtruction de la part de la puiſſance dont l'armateur porte le *pavillon*, 2) Que l'armateur fourniſſe un cautionnément, pour plus grande ſureté, en cas, qu'il s'émancipât, d'agir contre l'inſtruction: 3) Qu'il ne s'approprie les priſes faites ſur mer, qu'après les avoir conduites dans un port, & obtenu une ſentence, qui l'y autoriſe. Cependant Grotius c. L. L. 2. C. 17. §. 20. n. 1. démontre clairement & énergiquèment, que même cette *lettre de commiſſion* & ce *cautionnément* ne ſont pas d'une abſoluë néceſſité, c'eſt à dire, que l'omiſſion de l'un & de l'autre, ne rend pas la puiſſance reſponſable des excès d'un tel armateurs contre un tiers, puisqu'il s'enſuivroit de là, que l'on ne pourroit point former une armée. Et en effet dans la dernière guerre un armateur anglois, dont j'aime mieux taire ici le nom, avoit ſurpris ſubtilement un exemplaire d'une pareille commiſſion royale prussienne, en avoit rempli frauduleusément les blancs, & avoit fait quantité de prises sur mer, sans qu'on ait jamais pû le saisir, pour lui faire porter la peine de ce faux.

On trouvera à la fin les trois formulaires d'une pareille instruction & cautionnément. Le Roi créa à Berlin une *Commission des Prises*, pour examiner & juger de la validité ou de l'illégalité de celles qui seroient faites par les armateurs prussiens, & ce par un rescript du 13 Sept. 1759. d'après lequel les suivants en chaque cas particulier étoient modellés.

„Nous, FRÉDERIC, par la Grace de Dieu, „Roi de Prusse &c. &c. &c. Salut &c. Quelques ar- „mateurs, ayant obtenu de Nous des commissions ou „lettres de marque, pour croiser sous Notre pavillon, „& courre sus, aux Suèdois, Autrichiens & Toscans, „un de ces armateurs, nommé *Wacke*, a croisé dans „la mer méditerranée & pris, selon le rapport du „consul anglois, Paul *Banck*, à Carthagène, un vais- „seau *Suedois*, nommé l'*Exprès*, qu'il a mèné dans le „port de Carthagène. Comme ce dit Consul *Banck*, „a adressé ici, tant les papiers de mer & passeports, „qu'on a trouvé à bord du vaisseau suedois, (le capi- „taine en ayant jetté une partie dans la mer) qu'un in- „strument notarial & un interrogatoire & déposition „de quelques témoins entendus, & a sollicité au nom „de cet armateur *Wacke*, de déclarer le tout de bonne „prise, Nous vous faisons remettre ci-joint les pieces „sur mentionnées, par un effet de Notre confiance „particulière en votre habileté & en vos lumières, & „Nous vous chargeons, d'examiner avec soin ces „documens, aussi bien que la validité ou l'invalidité

„de

„de cette priſe, &, ſelon que vous trouverez juſte, „de la faire relâcher, ou de la déclarer légitime, & „de dreſſer votre ſentence en françois. Dans l'exé-„cution de cette commiſſion vous devez, avant toute „choſe, prendre en duë conſidération la commiſſion, „lettre de marque & inſtruction, dont Nous avons „fait munir Nos armateurs, & à leur défaut, le droit „des gens, auſſi bien que les coutumes & obſervances „d'autres nations en pareils cas, vous pourront guider. „Sur ce &c. Fait & donné à Magdebourg, ce 13 Sept. „1759.

Au nom & par l'ordre ſpecial très gracieux de Sa Majeſté le Roi.

„A Nos Conſeillers privés de „Juſtice, Loeper, Behmer, & „Germershauſen.„

H. G. v. Podewils, Finckenſtein, v. Jariges.

Un Armateur conduit ſa priſe dans le port le plus proche, ſoit de la puiſſance, qui l'a authoriſé, ſoit d'une puiſſance amië. Il fait là une declaration judiciaire aſſermentée avec ſon équipage, de tout ce qui s'eſt paſſé rélativement à cette priſe. Le Capitaine du vaiſſeau pris avec ſon équipage en fait de même, repond aux raiſons de l'Armateur, & exhibe en original tous ſes documens de mer, qui font enſuite partie des Actes de la procédure, ſur leſquels on prononce. Par raport aux *Vaiſſeaux*, conduits dans le port pruſſien d'*Embden*, la regence royale d'Oſt Frieſe, ſiégeante à Aurich, prononça en première inſtance, & la commiſſion royale à Berlin en ſeconde & derniére (car il n'eſt pas d'uſage en matière d'affaires de marine, qu'il y ait trois dégrés de juriſdiction). Dans la diſcuſſion de la legitimité de ces priſes, il ſe préſentoit deux queſtions; *une* de *droit*; s'il eſt permis dans

dans la guerre pour attirer un vaiſſeau ennemi, de changer de pavillon, & d'en affecter un étranger? Ce que nous n'avons pas balancé d'affirmer, ſoutenu en cela par *Grotius* de J. B- & P. L. 3. C. 5. §. 4. L'autre queſtion étoit de *fait*, & rouloit ſur des documens ſimulés, touchant la propriété des vaiſſeaux, ou des marchandiſes: la commiſſion ayant découvert pluſieurs fraudes de cette eſpece, dans l'examen des Papiers de mer, de différens vaiſſeaux.

Enfin le *troiſime* point ci-deſſus exprimé, rouloit ſur des Genois, Vénitiens, Hambourgeois, Turcs, Juifs, domiciliés à Livourne, qui eſt un port franc, à l'abri duquel ils prétendoient n'être point reputés ſujets *Toſcans*, mais affectoient appartenir encore à leur nation reſpective, dont ils ſe diſſoient être toujours membres, par conſéquent, non ſujets aux priſes des armateurs pruſſiens.

Ce point paroiſſoit ſouffrir quelque difficulté de part & d'autre, étant vrai, que *Livourne;* en ſa qualité de port franc, admet toute ſorte de nations, ſans diſtinction aucune, & que ſelon tous les géographes, ces étrangers même, y conſtituent la plus grande partie des habitans de Livourne, ayant leurs conſuls & juges à part, avec le libre excercie de leur religion reſpective. Mais de l'autre coté il n'en eſt pas moins vrai, que tous ces habitans quelconques, domiciliés à Livourne, ſont vraiment ſujets du Grand-Duc de Toſcane, étant, par exemple, hors de doute, qu'ils peuvent commettre un crime de leze-majeſté envers ce Grand-Duc, & que pour tel attentat, c'eſt du Grand-Duc qu'ils ſeroient juſticiables, qui eſt ce, qui établit les qualités reſpectives de Souverain & de ſujet.

ſujet. Outre cela, c'eſt une vérité connuë dans le droit de la nature & des gens, que, quiconque, ſans différence aucune de grade ou de dignité, ſe trouve, quoique ſeulèment pour un tems, dans le territoire d'une puiſſance, en devienne d'abord le ſujet, au moins pour le tems de ſon ſéjour, parcequ'un Etat dans un Etat (ſtatus in ſtatu) eſt un monſtre en politique. La même queſtion fut fort levée & diſcutée, par rapport à Monaadeſchi, que la reine de Suède, CHRISTINE, avoit crû être en droit de faire ſupplicier, comme ſon ſujet, quoique domiciliée elle même alors à Paris, où elle ne paroiſſoit par conſéquent point pouvoir reclamer la Souveraineté, qu'ellé s'étoit reſervée, en abdiquant à Stockholm, la couronne de Suede: Souveraineté, qu'elle prétendoit mener avec elle par tout, ſans diſtinction du Territoire. Mais le Roi & le Miniſtère de France ne parurent point de tout gouter alors cette ſubtile & abſtraité fiction. Nous avons donc déclaré de bonne priſe, toutes celles, faites par les armateurs Pruſſiens, ſur des Génois, Vénitiens, Hambourgéois; Turcs, Juifs, domiciliés pour lors à Livourne. Et voici la formule d'une ſentence renduë ſur ces matières, que je dreſſai en François, comme toutes les autres, & de la confirmation royale qui ſuivit.

SENTENCE.

„Dans la cauſe pendante devant Nous, Sousſignés, „Préſident de la Chambre Royale de Juſtice, & Con„ſeillers privés du Royau Tribunal, & à la dite Cham„bre de Juſtice, en qualité des Commiſſaires, nommés „en vertu d'un reſcript de Sa Majeſté, en date du

„24 Mars

„24 Mars 1760. entre *Jaques Merryfield*, Capitaine „Armateur Pruſſien, commandant le Vaiſſeau, nommé „*le Prince Ferdinand*, muni d'une Commiſſion Royale „pour cet effet, Demandeur, contre Bernard *Bianco*, „Capitaine, Commandant le Vaiſſeau *Toſcan*, nommé „*La Lune*, Défendeur.

„Vû par Nous ſusdits Conſeillers Commiſſaires, „les actes & procédures, à Nous rémiſes, notamment „les dépoſitions faites ſous ſerment du défendeur même „& de ſon pilote, par les quelles & par les autres pa-„piers de mer, il conſte, que le vaiſſeau Toſcan, la „Lune, a été chargé par les marchands de Smyrne, „Lennep & Enſtie, dans le port de Schiatta, de *fro-„ment*, pour *Livourne*, aux ordres du Toſcan *Gamerra*, „de Négocians *Hambourgeois*, *Franck* & *Lutgens*, & des „Négocians *Hollandois*, *Reymund* & *Smetts*, domiciliés „enſemble à *Livourne*, & par conſéquent égalément „*ſujets Toſcans*, & que ce vaiſſeau a été pris dans ſa „route pour Livourne par le Demandeur, à quatre „milles de Zericotto, le 24 Octb. 1759. & conduit à „Malthe, ou les dépoſitions & productions des docu-„mens ſe ſont faites, par ordre du Conſul Anglois, „Jean *Dodsworth*, & par devant ſon chancelier & le „notaire public, Jean Baptiſte Seychel; Tout vû & „conſidéré, Nous diſons:

„Que le ſurmentionné Capitaine, Armateur Pruſ-„ſien, Merryfield, a été en droit de prendre & „de ſaiſir le dit vaiſſeau Toſcan, la Lune, avec „ſa cargaiſon, & déclarons la priſe du dit vaiſſeau „& de ſa cargaiſon, juſte & légitime. Donné „à Berlin, ce 12 May, 1760.

v. Furſt, Behmer, Germershauſen.

Voici

Voici le modèle de la confirmation royale.

„Nous, FREDERIC, par la grace de Dieu, „Roi de Prusse &c. &c. &c. savoir faisons, qu'ayant „fait revoir & examiner, par les soussignés, Nos „ministres d'état au département des affaires étran„geres, & par Norte grand chancelier, Chef de la Ju„stice, la sentence qui a été prononcée par la com„mission des prises, dans la cause renvoyée à elle, „entre N.... Capitaine armateur, commandant le „vaisseau nommé N.... *Demandeur*, & N.... Ca„pitaine, commandant le vaisseau nommé N.... *Dé„fendeur*, de la quelle teneur la sentence s'ensuit:

(inseratur verbotenus cum subscriptione commissionis)

„Nous confirmons & approuvons cette sentence dans „tous ses points, ordonnant par la présente, qu'elle „soit mise en exécution, & que le capitaine... (De„mandeur) paye pour les fraix de sentence .... écus, „à la commission des prises .... ecus pour l'expé„dition de la sentence, & autant à notre chancellerie „d'Etat, pour l'expédition de la confirmation. En „foi de quoi Nous avons fait apposer à celle-ci le sceau „de Nos armes royales. Fait à ....

Par Ordre exprès du Roi

(L. S.)

H. G. v. Podewils. Gr. v. Finckenstein. v. Jariges.

Pour

Pour finir cette obſervation, je renvoye le lecteur au ſuffrage d'un négociateur habile & conſommé ſur cette matière. Je parle du chevalier d'ABREU, Envoyé extraordinaire de S. M. Catholique auprès du Roi de la Grande Bretagne, dans ſon *traité Juridico-politique ſur les priſes maritimes*, traduit de l'Eſpagnol en François, dont l'extrait ſe trouve dans le *Journal Encyclopédique* du 15 Fevr. 1759. Paris 1758. pag. 117. du dit Journal, en ces termes.

„Les *effets* de nos amis ou alliés, trouvés à bord „des *vaiſſeaux ennemis*, ſont-ils de bonne priſe? Par le „droit naturel, ils ne doivent pas l'être; mais *par le* „*droit des gens*, qui le modifie, ils ſont reputés tels. „La choſe fut ainſi décidée entre la *France* & l'*Eſpagne*, „par le traité des pyrenées Art. 19. Si les *effets* appar„tiennent à l'*ennemie*, & qu'ils ſoient chargés ſur les „*vaiſſeaux* des *amis* ou *alliés*, ſont-ils de bonne priſe? „*Naturellement*, ils doivent l'être, parcequ'ils ont, pour „ainſi dire, un vice réel & inhérent, qui les ſuit par „tout, & qui ſubſiſte indépendamment du lieu ou du „vaiſſeau, qui les contient. Mais par les traités, „paſſés entre la *France* & l'*Eſpagne*, & la *Hollande*, les „*effets* des *ennemis* ſur un vaiſſeau d'une de ces trois „nations, ſont exempts de toute confiſcation. Leur „intention dans une telle convention a *été*, de favoriſer „le commerce de leurs ſujets reſpectifs. Par une ſuite „des mêmes traités, les vaiſſeaux françois, eſpagnols „& hollandois, reſpectivement à ces trois puiſſances, „ne pourront être ſaiſis: mais s'il s'agit des autres „puiſſances, qui ne ſont point liées par ces traités, „*les vaiſſeaux & effets, dont ils ſont chargés*, ſeront confiſqués

„qués. Telle eſt la déciſion du Juriſconſulte Paul, & „de prèsque tous les auteurs. (Voyez Grot. de J. B. „& P. L. 3. c. 6. §. 2. n. 4. 5.)„

Mais elle paroit à cet auteur même peu conforme *au droit commun*, & j'ai montré à part dans deux expoſés (ci deſſus allegués) la règle du droit de la nature & des gens, adoptée unanimèment par tous les traités de mer quelconques. *Que le vaiſſeau libre rend la marchandiſe libre, pourvûque celle-ci ne ſoit pas contrebande menée à l'ennemi*, & cette derniere qualité même eſt déterminée, de manière à ne laiſſer abſolument aucun doute, par ces dits traités. (Ce mot *contrebande*, reçu même en Latin, eſt originairement *Italien*, comme la plûpart des termes de Négoce, dérivé du mot *Bando*, qui ſignifie *Loi.)*

Le vaiſſeau ennemi au contraire, rend confiſcable & de bonne priſe les marchandiſes & effets qu'on y trouve, ſans égard à la qualité du proprietaire, ami, allié, neutre ou ennemi. Il eſt vrai que *Grotius* combat fort cette dernière opinion, de J. B. & P. L. 3. c. 6. §. 5. 6. n. 26. comme contraire au droit de la nature, & même au droit des gens, & cite des ſentences de l'amirauté hollandoiſe, dans le tems de la guerre avec les villes anſéatiques, admèttant ſimplement, „que „les marchandiſes trouvées à bord d'un vaiſſeau en„nemi, peuvént ſeulement être *reputées* appartenir à „l'ennemi, jusqu'à ce que le contraire en ſoit prouvé, „& ne permet en ce dernier cas, que la faculté de „s'approprier ce que l'ennemi peut avoir de droit

 „in-

„inhérent à ces marchandiſes, p. e. droit de gage, „hypothèque, rétention, ſervitude„ &c.

Mais il n'en eſt pas moins vrai, que préciſément à cauſe de la difficulté d'une pareille recherche, tous les traités de mer, autant qu'il y en a, ſont parfaitement conformes à notre règle, & l'uniformité de tant de traités, entre tant de puiſſances, conſtituë le droit des gens, ſi jamais on peut en concevoir & ſoutenir un, dans le ſens ſtricte, différent d'avec le droit de la nature. Ces traités ſont entre le Roi d'Eſpagne, Philippe & les Villes anſéatiques, daté de Madrid le 26 Janv. 1648. entre le Roi de France, Louis XIV & les mêmes Villes anſéatiques, daté de Paris, le 10 May 1665. Entre l'Eſpagne & la Hollande, le 17 Dec. 1650. (chez *Marquard* de Jure Mercatorum, in appendice Lit. B. & V. pag. 27. 44. 60. 647. 649.) entre Charles XI, Roi de Suède & la Hollande, en date du $\frac{6}{16}$ Juill. 1667. Le traité de Breda entre l'Angleterre & la Hollande du $\frac{21}{31}$ Juill. 1667. §. 35. Traité de commerce entre les mêmes puiſſances du 17 Fevr. 1668. Art. X le traité de Weſtminſter, du $\frac{9}{19}$ Fevr. 1674. Traité entre l'Angleterre & la France, du $\frac{\text{31 Mars}}{\text{11 Avril}}$ 1713, & entre la France & la Hollande du même jour, §. 17. 18. 24; lesquels deux derniers traités ſe trouvent dans le corps diplomatique de Dumont. T. VIII. P. I. p. 345. 377. & les autres traités antérieurs, Tom. VII. P. I. pag 38. de ſorte qu'il ne peut pas y avoir une plus exacte conformité. Auſſi ces deux principes ont-ils ſervi de baſe & de direction à la commiſſion royale, témoin leur ſentence ci-deſſus alléguée.

Sui-

Suivent 1) La commission ou lettre de marque pour l'armateur.

2) L'instruction qui le regarde.

3) Son cautionnement.

4 & 5) Les 2 rélations du ministre prussien à Londres, Monsieur Andrié, du 29 May & 9 Juin, 1744. nouveau stile.

6. 7) Les deux répliques quant au *droit*, & quant aux *faits*.

Le tout est déduit plus amplement dans l'ouvrage latin des Observations, dont on a cru à propos, vû surtout les conjonctures presentes, de detacher, & de publier à part en francois cette *premiere Observation*, & de l'abrèger; la latine ayant beaucoup plus d'étendue, & des pieces justificatives différentes. Cependant cet abrégé-ci, étant composè principalèment à l'usage des gens du monde, pourra suffire, à leur donner une ideè assez complette, de la matiere importante, & de la procèdure qu'on y a observée, & qu'on s'est proposè, d'y developper.

Nr. 1.

Formulaire d'une Commission, ou Lettre de marque prussienne, pour un Armateur.

Nous, par la grace de Dieu, FREDERIC, Roi de Prusse &c. savoir faisons, à quiconque apartient, que la guerre injuste, que font à Nous & à Nos sujets l'Imperatrice-Reine, le Grand-Duc de Toscane & les Suèdois, Nous ayant mis en plein droit d'user de repres preſſailles contre ces puiſſances & leurs ſujets, & le capitaine Nous ayant demandé une commiſſion pour un vaiſſeau, qu'il a equippé & armé, nommé de tonneaux, portant canons & hommes d'equipage, Nous lui avons accordé la preſente commiſſion & l'autoriſons à courir ſus ſous Notre pavillon royal de Pruſſe, à prendre, à bruler, à couler à fond & à détruire tous les vaiſſeaux de guerre, vaiſſeaux marchands, effets & marchandiſes, apartenant à l'Imperatrice-Reine, au Roi de Suède, & au Grand-Duc de Toſcane, & à leurs ſujets, en obſervant pourtant tout ce qui eſt exprimé dans Nos inſtructions & articles de la même date. En foi de quoi Nous avons fait appoſer Notre ſcel royal. Donné à Berlin, le 175

Commiſſion ou lettre de marque pour

Nr. 2.

Formulaire d'une Inſtruction pour l'Armateur.

Pour le Sieur Capitaine du vaiſſeau nommé armé en courſe ſous le pavillon royal de Pruſſe.

I.

Comme Nous vous avons accordé une commiſſion de mer contre Nos ennemis, Nous vous permettons & vous ordonnons de courir ſus, de prendre, de couler à fond & de ruiner les vaiſſeaux appartenant à l'Imà l'Impératrice-Reine, au Roi de Suède & au Grand Duc de Toſcane, ou à leurs ſujets, partout où vous pourrés les rencontrer, excepté dans les ports, dans les rades, ou ſous les canons des forts des puiſſances, qui ſont en alliance ou en amitié avec Nous. Vous vous garderés auſſi de n'exercer aucunes cruautés, ni duretés, pas même contre nos ennemis.

II.

Tous les vaiſſeaux de guerre, vaiſſeaux marchands ou marchandiſes & effets, que vous rencontrerés & prendrés appartenant à l'Imperatrice-Reine, au Roi de Suède & au Grand-Duc de Toſcane, ou à leurs ſujets, ſeront reputés & cenſés de bonne priſe, pourvû qu'il conſte par leurs papiers pris à bord de leurs vaiſſeaux, ou par la dépoſition ſous ſerment de deux ou pluſieurs de leur equipage, que les vaiſſeaux & effets appartiennent en propre aux dites puiſſances ou à leurs ſujets.

III.

Tous les vaiſſeaux des ennemis & leurs charges ſeront conſervés en leur entier, juſqu'à ce que par Nos tribunaux ils ſoyent jugés & déclarés bonnes priſes, ſoit ſur leur lettres de mer, ſoit par la dépoſition ſous ſerment de deux ou de pluſieurs perſonnes de leur équipage. Toutes les priſes ſeront conduites dans un de Nos ports, & nous aurons ſoin, que Nos tribunaux y adminiſtrent promte & bonne juſtice, pour lequel effet nous avons chargé de cette commiſſion la regence de chaque province, ou le port eſt ſitué, à laquelle vous aurés à vous adreſſer. S'il arrivoit pourtant, qu'à qu'à cauſe d'un trop grand éloignement, il ne vous fut pas poſſible d'amener les priſes dans un de Nos ports, dans ce cas vous en ferés dreſſer un procès verbal avec inventaire devant notaire & témoins, & s'il eſt poſſible, devant un de Nos conſuls, dans le port le plus voiſin, où vous vous trouverés alors & vous enverrés ce procès verbal & inventaire à Notre miniſtére à Berlin, pour qu'il faſſe juger la priſe par un de Nos tribunaux.

IV.

Nous ne vous permettons d'exercer des hoſtilités, qu' uniquement contre l'Imperatrice-Reine, le Roi de Suède, & le Grand-Duc de Toſcane & leurs ſujets, & Nous vous défendons expreſſement & ſerieuſement, de ne prendre ni de moleſter, ni de viſiter même les vaiſſeaux d'aucune autre puiſſance, telle qu'elle ſoit. Dèsque vous verrés par les paſſeports & les lettres de mer, que les vaiſſeaux ſont obligés de vous exhiber, qu'un vaiſſeau appartient à une autre puiſſance, que les trois ſusdites, vous le laiſſerès paſſer ſans le viſiter même. Il ne vous eſt pas non plus permis d'enlèver des vaiſſeaux neutres, des effets appartenant à nos ennemis, à moins qu'il ne conſte clairément par les lettres de mer, que ce ſont des effets de contrebande, qu'on amene à nos ennemis.

V.

Tous les vaiſſeaux chargés de trouppes, armes, poudre & munitions de guerre pour les territoires, pays, plantations, places ou armées de l'Imperatrice-Reine, du Roi de Suède & du Grand-Duc de Toſcane, ſeront ſaiſis & condamnés par Nos tribunaux, comme bonne priſe, mais tous les autres effets chargés ſur des

des vaiſſeaux neutres, ſeront cenſés libres, quand même chez d'autres nations ils paſſeroient pour des effets de contrebande.

VI.

Vous donnerés toute l'aſſiſtence & protection aux vaiſſeaux & au commerce de Nos fidéles ſujets, & vous ferés tout votre poſſible, pour éloigner les armateurs ennemis des côtes maritimes de nos provinces.

VII.

Vous croiſerés dans la Baltique, dans le canal ou ailleurs, où vous le jugerés le plus convenable, pour faire du tort à Nos ennemis, excepté, que vous receviés Nos ordres pour quelque ſervice particulier quelque part.

VIII.

Au cas que vous jugiés convenable pour notre ſervice, de faire des deſcentes ſur le territoire des dites puiſſances, vous en enleverés des Otages, pour le païement des contributions, que vous demanderés en Notre nom.

IX.

Vous entretiendrés une correſpondance continuelle & ſuivie avec Nos miniſtres en Hollande & en Angleterre, ou avec tel autre qu'on vous nommera dans la ſuite pour cet effet, & par ce canal vous Nous avertirés de tout ce qui peut Nous intéreſſer.

X.

Votre vaiſſeau doit être équipé dans un de Nos ports, & avant que de ſortir du port, vous Nous preterés ſerment de fidélité, en ſignant un acte particulier, & vous prometterés également par ſerment, d'obferver religieufement tous les articles de cette inftruction, aufli bien que de les faire obferver à votre equipage. En outre la caution, que vous Nous avés faite, fervira de fureté tant pour l'exacte obfervation de cette inftruction, que pour le payement de ce qui Nous eft dû; en cas de contravention elle fera ajugée à Notre Fifc.

Donné à Berlin le 175

Nr. 3.

Formulaire du cautionnément de l'armateur.

Sa Majefté le Roi de Pruffe ayant accordé à moi foufligné une commiffion pour le vaiffeau, nommé pour croifer fous fon pavillon royal contre fes enemis, je promets par ferment, d'être fidelle & loyal ferviteur de fa dite Majefté, d'avancer fes interets, autant qu'il fera en mon pouvoir, d'obferver tous les articles, contenus dans l'inftruction, qui m'a eté donnée en date du & de tenir la main, pourque ces articles foient egalément obfervés par l'equipage du vaiffeau, que je commande. Je promets en outre, de tenir un compte exact & fidelle de toutes les prifes, & de payer à Sa Majefté le tiers du provenu clair des dites prifes. Pour fureté de tout cela, j'ai fait une caution de 3000 Livres Sterling, laquelle en cas de contravention pourra être faifie, & dans tous les cas je me foumets à la jurisdiction des tribunaux de Sa Majefté Pruffienne. En foi de quoi j'ai figné cet acte.

Nr.

Nr. 4.

P. S.

à Londres, ce $\frac{18}{29}$ Mai, 1744.

Conformément aux ordres de Votre Majesté des 14 & 25 d'Avril dernier, concernant la liberté du Pavillon de Votre Majesté dans la Guerre presente, entre l'Angleterre & la France, j'en ai parlé à diverses fois à Milord Carteret, sur le pied que Votre Majesté me l'avoit ordonné, pour obtenir un ordre special & général de l'amirauté la dessus: mais ce Secretaire d'Etat m'a enfin déclaré, que pour un tel ordre il étoit hors d'usage; Qu'il pouvoit me declarer au nom du Roi son Maitre, que le Pavillon de Votre Majesté seroit respecté sur le même pied, que l'étoit celui de toutes les autres puissances alliées de l'Angleterre, à l'exception des vaisseaux, qui seroient trouvés portant des munitions de guerre aux ennemis de l'Angleterre; qu'à la verité il y avoit un ancien concordat particulier là dessus entre les Anglois & les Hollandois, que l'on observoit religieusément, mais que n'en ayant point avec les autres Puissances maritimes alliées de l'Angleterre, on se contentoit d'en agir avec elles sur le même pied, qu'il venoit de me le declarer, & qu'il feroit également la même déclaration aux ministres des Puissances maritimes du Nord, qui comme moi avoient exigé la même requisition.

Ut in humillima relatione

Andrié.

Nr. 5.

P. S.

à Londres, ce $\frac{\textit{29 Mai,}}{\textit{9 Juin,}}$ *1744.*

J'ai reçu auſſi par la poſte d'hier le reſcrit de Votre Majeſté touchant la liberté de ſon pavillon, & les marchandiſes, qui pourroient être enviſagées comme de contrebande, pendant la guerre preſente.

Outre ce que j'eus l'honneur de mander à Votre Majeſte par mon P. S. du 29 du mois dernier ſur cette matiére, j'en ai encore parlé ce matin à Milord Carteret, ſur le pied contenu dans les ordres ci deſſus de Votre Majeſté, comme bois & autres matériaux, qui ſervent à la conſtruction des vaiſſeaux, cordages, voiles, chanvres, lin, goudron, ne ſont nullement reputés comme articles de contrebande, que les vaiſſeaux des ſujets de Vôtre Majeſté & ſon pavillon, ſeroient exactement reſpectés de la part de l'Angleterre, & que l'on n'entendoit point les troubler en quoi que ce ſoit dans leur commerce, pourvû qu'ils ne fuſſent pas trouvés portant des munitions de guerre aux ennemis de l'Angleterre, ſpecifiées dans tous les traités entre les puiſſances maritimes, ou des munitions de bouche dans une place qui pourroit être aſſiégée ou bloquée par les Anglois; que d'ailleurs la liberté du commerce, pour les puiſſances neutres, étoit la même & ſur le même pied qu'en tems de paix, que c'étoit de cette façon qu'il s'étoit expliqué avec les autres puiſſances neutres maritimes, comme la Suède, & le Dannemark, & qu'il me le réitereitèroit encore aujourd'hui, en priant Votrre Majeste d'être bien persuadée, que l'intention de l'Angleterre ne seroit jamais de troubler en quoi que ce soit le commerce des sujets de Votre Majesté; qu'il espéroit enfin, que comme il n'étoit pas d'usage en Angleterre, de donner des déclarations par écrit dans des circonstances pareilles à celles ci, à aucune puissance neutre, Votre Majesté seroit satisfaite de celle qu'il venoit de me faire de bouche au nom du Roi son maitre.

Ut in humillima relatione

Andrié.

Nr. 6.

Lettre du 8 Fevr. 1753. du Duc de NEWCASTLE, écrite par ordre de Sa Majesté le Roi de la Grande-Bretagne, à Mr. Michell, Secretaire d'ambassade de Sa Majesté Prussienne, en reponse à l'*exposition des motifs du Roi de Prusse* &c.

à Whitehall, le 8 Fevrier, 1753.

Monsieur,

Je n'ai pas tardé, à mettre devant le Roi le memoire, que vous m'aves prèsenté le 23 de *Novembre* passé, avec les pieces, dont il étoit accompagné.

Sa Majesté en a trouvé le contenu aussi extraordinaire, qu'elle n'a pas voulu y faire reponse, ni prendre de resolution là-dessus, avant que d'avoir fait murement examiner, tant le memoire, que *l'exposition des motifs* &c. que vous me remites peu de

tems

tems après, pour servir de justification de ce qui s'étoit passé à *Berlin* & avant que d'être, par là, en état de mettre dans leur veritable jour les procedures des cours d'amirauté d'ici; afin que Sa Majesté *Prussienne*, & tout le monde, fût informé au juste de la regularité de leur conduite; dans la quelle il est évident, qu'ils ont suivi la seule methode, qui ait jamais été pratiquée chés les nations, où des disputes de cette nature ont pû arriver; & s'être conformées exactément au droit des gens, qui est universellement reconnu comme regle unique, dans des cas pareils, lorsqu'il n'est rien stipulé au contraire par des traités particuliers entre les puissances interessées.

Cet examen & la pleine connoissance des faits, qui en a resulté, feront voir, si clairement, l'irregularité du procédé des personnes, à qui cette affaire a été renvoyée à Berlin: que l'on se promet de la justice & du discernement de Sa Majesté Prussienne, qu'elle en sera convaincue, & revoquera l'arrêt, qu'elle a mis sur les capitaux, assignés sur la Silesie; du payement desquels elle s'est chargée envers l'Imperatrice-Reine: & dont le remboursement a fait un article formel des trités, par lesquels la cession de ce Duché a été faite,

J'ai donc les ordres du Roy, de vous envoyer le rapport, qui a été fait à Sa Majesté sur les pieces sus-mentionnées, par le chevalier *Lee*, juge de la cour primatiale, le docteur *Paul*, avocat general du Roy aux tribunaux du droit civil, le chevalier *Ryder*, procureur general, & Mr. *Murray*, solliciteur général de Sa Majesté. Ce rapport est fondé sur les principes reçus du droit des gens, & reconnus par les autorités

les

les plus respectables chez toutes les nations. Aussi le Roy ne doute-t-il point, qu'il ne produise l'effet desiré.

Les points, sur lesquels toute cette affaire roule, & qui sont decisifs, sont:

1. Qu'on ne prend, ni ne peut prendre, connoissance des affaires de cette nature, que dans les tribunaux de la puissance, chés qui la saisie se fait: & par consequent, qu'il est contraire à la pratique notoire de toutes les nations, dans des cas semblables, d'eriger des cours ou des jurisdictions étrangéres, pour en juger: procédé, par consequent, qu'aucune nation ne peut admettre.

2. Que ces cours qu'on appelle généralement des cours d'amirauté, & qui comprennent, tant les cours inferieures, que les cours d'appel, decident toujours uniquement selon le droit des gens universel; excepté dans le cas, où il y a, entre les puissances interessées, des traités particuliers qui ayent changé les dispositions du droit des gens, ou qui s'en écartent.

3. Que les décisions dans les cas, dont on se plaint, paroissent, par le rapport ci-joint, avoir été formées uniquement sur la regle prescrite par le droit des gens, la quelle regle est clairement établie par l'usage constant des autres nations, & par l'autorité des plus grands hommes.

4. Que, dans le cas dont il s'agit, on ne peut pas seulement pretexter aucun traité, qui ait changé cette regle, ou en vertu du quel les parties pourroient reclamer des libertés que le droit des gens ne leur donne point.

5. Que

5. Que comme il n'y a, dans le cas present, ni juste grief, ni la moindre raison à alléguer, pour pouvoir dire, que la justice ait été deniée après qu'elle a été regulierement demandée: & que, dans la pluspart des cas, dont on se plaint, c'est les plaignans eux-mêmes, qui ont negligé les mesures seules convenables pour se la procurer; il ne peut, par consequent, y avoir aucune juste cause, sur laquelle des repressailles puissent se fonder.

6. Que, quand même les repressailles pourroient se justifier par les regles connuës & générales du droit des gens; il paroit, par le rapport, & même par des considérations qui doivent se presenter à tout le monde, que des capitaux dûs aux sujets du Roy par l'Imperatrice-Reine, & assignés par elle sur la *Silésie*; du payement desquels Sa Majesté *Prussienne* s'est chargée, tant par le traité de *Breslau*, que par celui de *Dresde*, en considération de la cession de ce païs; & qui, en vertu de cette même cession, auroient dû être pleinement & absolument acquittés en l'année 1745, c'est à dire, une année avant qu'aucun des faits, dont on se plaint, soit arrivé; ne pouvoient, ni en justice, ni en raison, ni selon ce qui se pratique constamment entre toutes les puissances les plus respectables, être saisis ou arretés par repressailles.

Les differens faits qu'on vient de detailler, sont si clairement établis & prouvés dans le rapport cy-joint, que je ne repéterai pas les raisons particulieres, & les autorités, qui sont alleguées pour les appuyer & pour justifier la conduite & les procedures, dont il est question. Le Roi se persuade, que ces raisons suffi-

ſuffiront auſſi, pour determiner le jugement de tout le monde impartial ſur le cas preſent.

Il eſt important d'obſerver ſur cette matiére, que la dette ſur la *Sileſie*, fut contractée par feu l'Empereur *Charles* VI. qui s'engagea, non ſeulement de remplir ſes conditions enoncées dans le contrat, mais encore, de donner aux créanciers telle autre ſureté ulterieure, qu'ils pourroient raiſonnablement demander à l'avenir. Cette condition auroit été très mal executée, par un tranſport de cette dette qui eut donné pouvoir à un tiers, de la ſaiſir & confiſquer.

Vous ne ſerez pas ſurpris, Monſieur, que dans une affaire, qui a ſi fort allarmé toute la nation, qui eſt en droit de reclamer une protection que le Roi ne ſauroit ſe diſpenſer de lui accorder, Sa Majeſté ait pris du tems, pour faire examiner les choſes à fond; & qu'elle ſe trouve obligée, par les faits, d'adherer à la juſtice & à la legalité de ce qui s'eſt paſſé dans ſes tribunaux, & de ne pas admetre les procédés irreguliers qu'on a tenu ailleurs.

La derniere guerre a fourni nombre d'exemples, qui auroient dû convaincre toute l'*Europe*, combien les tribunaux d'ici rendent juſtice ſcrupuleuſement, en de pareilles occaſions. Ils ne ſe ſont pas même prevalües d'une guerre ouverte, pour ſaiſir ou retenir les effets de l'ennemi, lorsqu'il a paru que ces effets avoient été pris injuſtement, avant la guerre. Cette circonſtance doit faire honneur à leur procédures; & montrera en même tems; qu'il étoit auſſi peu neceſſaire, que peu convenable, d'avoir recours ailleurs à des procédures abſolument inuſitées.

Le Roi eſt bien perſuadé, que ce qui s'eſt paſſé à *Berlin*, n'a été occaſionné, que par les informations mal fondées, qu'on a données de ces affaires à Sa Majeſté *Pruſſienne;* & ne doute nullement, que lorsqu'Elle les aura enviſagées dans leur vrai jour, ſa diſpoſition naturelle à la juſtice, & à l'equité ne La porte a redreſſer d'abord les demarches, que ces mêmes informations ont occaſionées, & à achever le payement du reſte des dettes aſſignées ſur la *Sileſie*, conformément à ſes engagements à cet égard.

Je ſuis avec bien de la conſideration

Monſieur

Votre très humble & très obéiſſant ſerviteur

Holles Newcaſtle.

RAPPORT &c.

AU ROY.

SIRE,

Conformément aux ordres qu'il a plû à Votre Majeſté de nous faire ſignifier par le Duc de *Newcaſtle*, nous avons mûrement examiné le *Memoire*, preſenté à ce miniſtre le 23 Novembre dernier, par Mr. *Michell*, Secretaire de Pruſſe, avec la *Sentence des commiſſaires pruſſiens*, & les liſtes A & B y jointes; de même que l'*Expoſition* imprimée *des motifs* &c. remiſe à Milord Duc le le 13 Decembre; & nous avons fait prendre les informations les plus exactes par le Garde-Regitre de la cour d'amirauté par rapport aux procédures observées dans les cas relatifs aux dites listes A & B.

Et Votre Majesté nous ayant en même tems ordonné, de donner nôtre opinion sur la nature & la regularité des procédures faites par devant la *commission prussienne*, mentionnée dans le dit Memoire, des demandes qu'on pretend y fonder, & d'exposer jusqu'à quel point elles sont compatibles avec le droit des gens, avec les traités entre Votre Majesté & le Roi de Prusse, avec les regles généralement établies dans la jurisdiction des amirautés, & avec les loix de ce royaume; nous tacherons de nous en acquitter avec toute la clarté possible; c'est pourquoi nous reduirons nos reflexions sur ces sujets aux quatre chefs suivans;

1) Nous poserons les principes de droit généralement reçûs & reconnûs pour incontestables.

2) Nous constaterons les faits en question.

3) Nous appliquerons le droit établi, aux faits constatés.

4) Nous ferons nos observations, sur les questions, les principes, & les arguments, contenûs, tant dans le dit Memoire, que dans la sentence des commissaires prussiens, & dans l'*Exposition des motifs* &c. qui pourroient avoir quelque apparence d'objection, contre ce que nous aurons avancé.

I. Quant au Droit.

Lorsque deux puissances se font la guerre, elles ont droit de prendre reciproquement, l'une sur l'autre, vaisseaux, marchandises & effets, qu'elles rencontrent en pleine mer. Tout ce qui appartient à l'ami est libre, tant que celui-ci obſerve la neutralité.

De là il eſt ſtatué par le droit des gens:

Que les effets d'un ennemi peuvent être ſaiſis, quoiqu'à bord d'un vaiſſeau ami.

Que les effets d'un ami doivent étre rendûs, quoique trouvés à bord d'un vaiſſeau ennemi.

Que les marchandiſes de contrebande qui ſont portées à l'ennemi, quoiqu'elles appartiennent à un ami, ſont de bonne priſe, puisque c'eſt rompre la neutralité, que de fournir à l'ennemi de quoi pourſuivre la guerre.

Par le droit des gens, reçu univerſellement, & d'un temps immemorial, parmi les nations commerçantes par mer, il y a une voye uniforme de juſtice, pour decider, ſi une capture eſt de bonne priſe, ou non.

Avant que celui, qui fait la capture, puiſſe ſe l'approprier, il faut qu'il en ſoit decidé par une procédure reguliére & juridique, où les deux parties puiſſent être entendües, & qu'elle ſoit declarée de bonne priſe dans une cour d'amirauté, ſelon le droit des gens, & les traités.

Le ſeul tribunal compétant pour ces jugemens, eſt le tribunal du ſouverain de celui qui a fait la capture.

Les preuves pour la decharge ou condamnation d'une capture, avec ou ſans depens & dommages, doivent toutes être priſes, en premiere inſtance, du vaiſſeau ſaiſi; telles ſont les lettres de mer, & les depoſitions ſous ſerment du patron, & des autres principaux officiers du navire. Pour cet effet il y a dans tous les ports conſiderables de toutes les puiſſances maritimes qui ſont en guerre, des officiers de l'ami-

rauté

rauté, pour examiner les capitaines & autres principaux officiers de tous les vaiſſeaux amenés en priſe, & cela ſur les interrogatoires généraux & impartiaux; & s'il ne ſe trouve aucune juſte raiſon pour les confisquer, ſoit comme appartenants à l'ennemi, ſoit comme portant des marchandiſes de contrebande à l'ennemi, il faut neceſſairement qu'ils ſoyent relachés; à moins que les preuves produites ne rendent la proprieté ſi douteuſe, qu'il ſoit raiſonnable d'en requerir & attendre d'ulterieures.

Comme toute revendication de vaiſſeau, ou d'effets, doit neceſſairement être appuyée du ſerment de quelqu'un, du moins, quant à ce qui peut être de ſa connoiſſance ou croyance; & qu'en général le droit des gens exige une bonne foi exacte: il faut que tout vaiſſeau ſoit complettement muni des documens de mer uſitée, dont l'autenticité ſoit évidente, & que du moins le patron du navire ſoit au fait du veritable état de ſa charge & de ſa destination.

C'eſt ce qu'il eſt ſi indiſpenſable d'obſerver, que quand il arrive que les lettres de mer ſoyent fauſſes, ou ſuſpectes; que des papiers ſoyent jettés en mer; que le patron & les officiers prevariquent viſiblement à l'examen preparatoire; que les lettres de mer ne ſe trouvent point à bord; ou que le patron & l'equipage d'un navire ne puiſſent pas dire, ſi le vaiſſeau, ou la cargaiſon, appartiennent à l'ami ou à l'ennemi; le droit des gens veut, que, ſelon les differents degrés de defaut ou de ſoupçon de la part du vaiſſeau, ou autres circomſtances particulieres, le defendeur ſoit condamné aux frais & depens, ou du moins à n'être pas rembourſé de ceux qu'il a été obligé de faire,

 quand

quand même la restitution du vaisseau ou de la cargaison lui seroit adjugée.

S'il arrive de l'autre côté, qu'un vaisseau est pris sans raison valable, celui qui a fait la capture est condamné aux dommages & depens. Et c'est pour cette raison, que tous les armateurs sont obligés de donner caution pour leur bonne conduite; à quoi se referent plusieurs traités, où cette précaution est expressément stipulée. (a)

Souvent quand les lettres de mer, ou les examens preparatoires ne prouvent pas assez évidemment, que la proprieté appartient à un sujêt neutre, on donne du temps au demandeur, pour suppléer à ce defaut, afin qu'il envoye les certificats qui manquent; mais s'il refuse de produire ces certificats, la proprieté est presumée appartenir à l'ennemi.

Si la proprieté d'un sujêt neutre est constatée par des preuves qui ne se trouvoient pas à bord du vaisseau, du temps du saississement, le capitaine qui a fait la prise est exempt de blame, & hors de depens, & peut même obtenir la restitution de ceux qu'il a été obligé de faire, selon les circonstances du cas.

Si la sentence d'une cour d'amirauté est tenüe pour erronée, il y a dans tout païs maritime un tribunal superieur de révision, composé des personnes les plus relevées de l'Etat, auquel la partie qui se croit

(a) Traités entre l'*Angleterre* & la *Hollande* du 17 *Fevr.* 1668. Art. 13. & du 1 *Dec.* 1674. Art. 10. Traité entre l'*Angleterre* & la *France* à St. *Germain*, 24 *Fevr.* 1677. Art. 10. & à *Ryswick*. Traité de commerce, 20 Sept. 1697. entre la *France* & la *Hollande*. Art. 30. Traité de Commerce fait à *Utrecht* entre la *Grande-Bretagne* & la *France*, 31 Mars 1713. Art. 29.

croit lefée peut appeller: & ce tribunal fuperieur juge par les mèmes regles qui font prefcrites à la cour d'amirauté, favoir le droit des gens, & les traités fubfiftans avec la puiffance neutre dont le plaignant eft fujet.

Quant aucune des deux parties n'interjette appel, elles font cenfées reconnoitre elles mèmes la juftice de la fentence; ce qui termine le procés.

Cette methode de juger & d'adjuger les captures, eft indiquée, confirmée, & autorifée par un grand nombre de traités. (b)

Voila comment durant cette derniere guerre toutes les captures faites fur mer, ont été jugées par la *Grande-Bretagne*, la *France* & l'*Efpagne*; & toutes les puif-

(b) Comme on peut le voir pas les traités fuivants. Quant au droit de cours d'amirauté d'adjuger les prifes faites par les vaiffeaux de leur propre nation, & quant à l'examen des temoins dans ces cas; Traité entre l'*Angleterre* & la *Hollande*, 17 *Fevr.* 1668. Art. 9 & 14. Tr. 1 *Dec.* 1674. Art. 11. Tr. 29 *Avril*, 1689. Art. 12 & 13. Tr. entre l'*Angleterre* & l'*Efpagne*, 23 *May*, 1667. Art. 23. Traité de commerce à *Ryswick*, 20 *Sept.* 1697. entre la *France* & la *Hollande*, Art. 26 & 31. Traité entre l'*Angleterre* & la *France*, 3 *Nov.* 1655. Art. 17 & 18. Tr. de commerce entre l'*Angleterre* & la *France* à St. *Germain*, 29 *Mars*, 1632. Art. 5 & 6. Tr. de St. *Germain*, 24 *Fevr.* 1677. Art. 7. Tr. de commerce entre la *Grande-Bretagne* & la *France*, à *Utrecht*, 31 *Mars*, 1713. Art. 26. 30. Tr. entre l'*Angleterre* & le *Dannemark*, 29 *Nov.* 1669. Art, 23 & 34. Heineccius, qui a été Confeiller Privé de S. M. *Pruffienne*, & généralement très eftimé, traite de cette methode de juger les captures, dans fon livre de *Navibus ob vecturam vetitarum mercium commiffis*; cap. 2. fect. 17 & 18. Quant aux appels & révifions, Tr. entre l'*Angleterre* & la *Hollande*, 1 *Dec.* 1674. Art. 12. expliqué enfuite, par l'article 2. du traité de Weftminfter le 6 *Fevr.* 1715 - 6. Traité entre l'*Angleterre* & la *France*, de St. *Germain*, 24 *Fevr.* 1677. Art. 12. Traité de commerce de Ryswick, 20 Sept. 1697. entre la *France* & la *Hollande*, Art. 33. Traité de commerce d'*Utrecht*, 31 *Mars*, 1713. entre la *Grande-Bretagne* & la *France*. Art. 31 & 32. Et autres traités.

puissances neutres y ont acquiescé; voila comment elles ont été jugées dans tous les païs de l'*Europe*, & en tout temps, savoir, par des cours d'amirauté, qui prononcent selon le droit des gens & les traités: Et toute autre methode seroit manifestement injuste absurde & impraticable.

Quoique le droit des gens fasse la regle générale dans ces sortes de décisions, cependent deux puissances peuvent, par un accord mutuel, & quant à elles, la changer, ou s'en écarter.

C'est ainsi que, par le droit des gens, lorsque deux puissances sont en guerre, tout vaisseau est sujet à être arreté & examiné, pour voir à qui il appartient, & s'il ne porte point de la contrebande à l'ennemi; mais par des traités particuliers cette recherche à été mitigée à un certain point, sur la foi & l'exhibition ou de passeports authentiques, ou d'autres preuves de proprieté, attestées en düe & bonne forme.

D'autres conventions particulieres ont même renversé le droit des gens, en declarant de bonne prise les effets d'un ami, qui se trouvent à bord d'un vaisseau ennemi, & libres les effets d'un ennemi, qui se trouvent à bord d'un vaisseau ami. (c)

Il y en a même, qui declarent libres certains effets, qui, par le droit des gens, sont reputés de contrebande.

S'il arrive, qu'un sujet du Roy de Prusse ait une plainte, ou une demande à former contre un habitant de

(c) Comme on peut voir par les traités déja cités, & plusieurs autres, particuliérement par celui du 1 *Decembre* 1674. & le traité d'*Utrecht* entre la *Grande-Bretagne* & la *France*.

de la *Grande-Bretagne*, il doit s'adresser aux tribunaux de Vôtre Majesté, qui sont tous également ouverts aux étrangers comme aux naturels; de même qu'un sujet de Vôtre Majesté, qui auroit recû quelque tort d'un habitant des Etats Prussiens, doit s'adresser aux tribunaux de Sa Majesté Prussienne.

Si le grief regarde une capture faite sur mer, en temps de guerre, ou que le differend soit relatif à une capture, il faut s'adresser aux tribunaux établis pour juger ces causes.

Le droit des gens, fondé sur la justice, sur l'equité, sur la raison, & sur l'exigence du cas, & consacré par un long usage, ne permet la voye des represailles, que dans le cas d'un tort violent commis & soutenu par un Souverain, ou d'un absolu deni de justice de la part de tous les tribunaux, & du Souverain même; & cela dans des cas qui n'admettent pas le moindre doute ni litige.

Lorsque les juges ont liberté entiere de prononcer selon leur conscience, quand même leur sentence seroit erronnée, elle ne donneroit pourtant aucun juste lieu à des represailles. Dans des cas douteux, il ne se peut guere, que differens esprits ne pensent & jugent differemment; & tout ce qu'un ami étranger peut alors raisonnablement demander, est, que justice lui soit rendue aussi impartialement, qu'aux gens du païs où sa cause se plaide.

II. Quant aux Faits.

Nous annexons ici deux listes, qui repondent exactement à celles cottées A & B, que Mr. Michell a remises au Duc de Newcastle, avec son memoire du

23 Novembre dernier, & qui ont été imprimées depuis à la fin de l'*Exposition des motifs.*

Il paroitra par là, que des 18 vaisseaux que la liste A contient, avec leurs cargaisons,

4 Si tant est qu'ils ayent été pris, furent rendûs par les armateurs même, à la satisfaction des sujêts prussiens, qui n'en ont jamais porté plainte à aucune cour de justice de Votre Majesté.

1 Fut restitué par sentence, avec tous depens & dommages, liquidés à 2801 l. 12 s. 1 d. Sterling.

3 Furent restitués par sentence, avec payement du frêt pour la partie des effêts, qui appartenoient manifestement à l'ennemi, & qui ont été condamnés comme tels.

4 Furent restitués par sentence, mais leurs cargaisons, condamnées comme de bonne prise, ou comme contrebande: Aussi les listes A & B ne les reclame t elles pas comme appartenantes à des sujets prussiens.

5 Furent restitués avec leurs cargaisons, mais les demandeurs condamnés aux depens, parceque les papiers qui se trouvoient à bord, & les examens preparatoires donnoient lieu à leur confiscation, & que la restitution ne fut decretée que sur la foi des certificats fournis & admis dans la suite.

1 Vaisseau & sa cargaison furent rendûs par sentence sur appel, mais avec compensation des depens, à cause des circonstances de la capture.

18 Cette liste n'a pas besoin d'éclaircissement.

Il ne peut pas y avoir une ombre de plainte par rapport aux huit premiers cas.

Quant

Quant aux quatre ſuivants, puisque dans des liſtes A & B il n'eſt pas ſeulement fait mention des effets condamnés, il faut qu'ils l'ayent été bien juſtement, ou comme effets de l'ennemi, ou comme contrebande. Si c'étoit comme contrebande, les vaiſſeaux ne pouvoient pretende ni frêt ni depens, & les ſentences étoient même favorables, en reſtituant les vaiſſeaux ſur la ſimple preſomption, que les proprietaires des navires pouvoient n'avoir pas été inſtruits de la nature des cargaiſons, ou de leur veritables proprietaires. Si c'étoit comme effets ennemis, les vaiſſeaux ne pouvoient point pretendre le frêt, parceque les connoiſſements étoient faux, en les donnant pour effets pruſſiens, ni ils ne pouvoient pretendre aux depens, parcequ'ils avoient été arrêtés à juſte titre, les cargaiſons ayant été trouvées de bonne priſe.

Comme les derniers ſix vaiſſeaux ont été reſtitués avec toutes leurs cargaiſons, il ne peut s'agir à leur égard que des depens, qu'on ne leur a pas adjugés; ce qui dependoit entierement des circonſtances des cas, de l'authenticité des documens de mer, & du comportement des equipages: ſeuls motifs ſur lesquels une demande de reſtitution ou de depens ſe puiſſe fonder. Or, ni les commiſſaires pruſſiens dans leur ſentence, ni le memoire de Monſ. Michell, ni l'*Expoſition* même des *motifs* &c. n'alléguent pas une ſeule raiſon, pour prouver par les circonſtances particulieres des dits cas, qu'il ait été mal decidé.

Pour ce qui eſt de la liſte B.

Chaque vaiſſeau, à bord du quel les ſujets pruſſiens prétendent avoir eu des effets leur appartenans en propre, alloit à un port ennemi, ou en venoit directement; & pluſieurs de ces vaiſſeaux paroiſſoient évidemment chargés, en partie, d'effets ennemis, ou ſous leur propre noms, ou ſous des noms ſuppoſés.

Dans chaque cas, où l'on alleguoit, qu'une partie de la cargaiſon appartenoit à un ſujet pruſſien, quoiqu'on ne le fit paroitre, ni par les lettres de mer, ni par les examens preparatoires, comme cela ſe devoit, un temps ſuffiſant fut accordé à ce ſujet pruſſien, pour certifier ſous ſerment que ces effets lui appartenoient de bonne foi: & ſon propre certificat, ainſi donné ſous ſerment, fut reçû comme une preuve ſuffiſante pour les lui faire reſtituer.

Lorſque le demandeur refuſe de prêter ſerment, ou qu'il le prête en termes illuſoires, il eſt clair qu'il ne fait que prêter ſon nom pour aſſurer la propriété de l'ennemi, & cela s'eſt ſouvent trouvé ſi manifeſtement être le cas, qu'il n'y a pas même eu aucune poſſibilité d'en douter.

Voici comment Monſ. Andrié explique cette façon ſpecieuſe de mettre à l'abri les effets de l'ennemie, dans une lettre à Sa Majeſté Pruſſienne, du 29 Mai, / 9 Juin, 1747. dont un extrait atteſté ſous la main de Mr. Michell fut produit dans le procés de l'une des cauſes en queſtion;

(d) Les ſujets de Votre Majeſté ne doivent point charger, ſur des vaiſſeaux neutres, des marchandiſes réellement appartenantes aux ennemis de l'Angleterre; mais ils doivent les charger pour leur propre compte; moyennant quoi ils pourront

avec

(d) NB. *Cet extrait n'ayant pas été produit en François, mais en Anglois, il a fallu le traduire; ce qu'on a fait litteralement.*

avec sureté les envoyer en quel païs ils trouveront à propos. sans courir aucun risque; car si alors des armateurs causent aucun dommage aux sujets de Votre Majesté, Elle se peut assurer, que pleine justice leur sera faite ici, comme on l'a faite jusqu'à present dans tous les cas pareils.

La liste B contient 33 cas, dont

2 n'ont jamais été portés devant aucune cour de justice en Angleterre, les vaisseaux, supposé, qu'ils ayent été pris, ayant été relachés par les armateurs mèmes, à l'entière satisfaction des proprietaires. Dans

16 cas les effets reclamés par des sujets prussiens, se trouvent avoir été restitués actuellement, par sentence, aux patrons des navires sur lesquels ils étoient chargés. Or par les Us & coutumes de mer, le patron tient la place de celui qui frête le vaisseau, & lui en est responsable. Dans

14 cas, la proprieté prussienne n'a jamais été verifiée, ni par les examens préparatoires, ni par des certificats subsequens sous serment des demandeurs, auxquels on avoit pourtant accordé le tems necessaire pour cet effet. Et

1 cas, qui regarde une partie de cargaison, est encore pendant, parce qu'aucune des parties n'a
——jusqu'à present requis qu'il fut jugé. (e)

33 Et il faut que les demandeurs en général ayent été interieurement bien convaincûs eux mêmes, de la justice des sentences rendues par la cour d'ami-

 rauté;

(e) Le Demandeur ayant exhibé 29 Janvier dernier les certificats de proprieté sous serment, devant la cour de l'amirauté, & requis jugement, elle lui a adjugé la restitution de ses effets.

rauté; puisque dans toute la liſte B il ne ſe trouve pas un ſeul exemple, qu'il en ait été appellé & dans la liſte A qu'un exemple unique.

III. Pour appliquer le Droit aux faits.

Nous remarquerons d'abord, que la ſixième queſtion de l'*Expoſition des motifs* &c. ne fonde le droit de répreſſailles, que ſur ce, qu'on leur a ſi long temps denié la juſtice, qu'ils étoient fondés de demander.

De même, le ſusdit memoire ne fonde le droit & la regularité des répreſſailles, aux quelles Sa Majeſté Pruſſienne a recours, que *ſur ce que ſes ſujets n'ont pû obtenir jusqu'à preſent aucune juſtice des tribunaux anglois, qu'ils ont reclamés, ou du gouvernement, auquel ils ont porté leurs plaintes.*

Ce qui dans un autre endroit du memoire s'énonce ainſi, *apres avoir en vain demandé des reparations, de ceux qui ſeuls pouvoient les faire.*

Cependant le contraire de toutes ces aſſertions eſt manifeſte par l'expoſé ci deſſus & par les liſtes ci-annexes.

Dans ſix des cas, qui y ſont ſpecifiés, ſi tant eſt, que les captures ayent jamais été faites, les ſujêts pruſſiens ſont ſi pleinement ſatisfaits de la reſtitution, faite par les armateurs, qu'ils n'en ont jamais porté plainte à aucun tribunal de Vôtre Majeſté.

Tous les autres cas ont été jugés par une cour d'amirauté, ſeul tribunal competant pour decider des captures faites ſur mer, tant par rapport à la reſtitution même, que par rapport aux depens & dommages, & cela conformement au droit des gens; ſeule regle à ſuivre, dans les deciſions de cette nature.

Et

Et dans tous les cas en queſtion, la cour d'amirauté a fait juſtice avec une ſi grande impartialité, que tous les vaiſſeaux mentionnés comme pruſſiens dans la liſte A, ont été reſtitués, & que toutes les cargaiſons mentionnées dans les liſtes A & B, ont été rendûes, à l'exception de 15 dont une eſt encore indeciſe.

En général, on a ſi bien rendu juſtice aux ſujets pruſſiens, dans les cas de l'une & de l'autre liſte, que, convaincus dans leur propre conſcience, ils ont acquieſcé à toutes les ſentences, ſans en appeller; un ſeul exemple excepté, où la partie de la ſentence de la quelle on a appellé, a été infirmée & reformée.

Chaque demandeur pruſſien a dû ſavoir, que le droit des gens lui interdiſoit le recours à ſon propre Souverain, jusqu'à ce qu'une injuſtice manifeſtement averée lui eut été faite en dernier reſſort, & qu'il ne lui reſtât plus aucune autre reſſource; chaque demandeur pruſſien n'a non plus pû ignorer, que cette regle du droit des gens devoit être d'autant plus étroitement obſervée, par rapport aux priſes de la dernière guerre, que toute la proprieté en étoit donnée à ceux qui les faiſoient, & que c'étoit par conſequent à ces derniers, a qui il falloit s'en prendre en juſtice; c'eſt pourquoi chaque demandeur pruſſien, qui par defaut d'appel, a donné ſon acquieſcement à ce que la priſe demeurât adjugée à celui qui l'avoit faite, n'eſt plus en droit de former une demande ſur tout le corps de l'Etat. Si la ſentence étoit injuſte, c'eſt ſa faute, ſi elle n'a pas été redreſſée.

Mais on n'a jamais tenté, & on ne tente pas encore à l'heure qu'il eſt, de faire voir, par les preuves & les circonſtances produites devant la cour d'amirauté, que ces ſentences ſont effectivement reprehenſibles dans aucune partie. Ce qui eſt pourtant l'unique moyen légal, d'en diſcerner la juſtice ou l'injuſtice.

Car quant à la commiſſion erigée expreſſement dans les Etats pruſſiens, pour faire la reviſion de ces ſentences, ſur de nouvelles allegations, dans l'abſence & à l'inſçû, de l'une des parties intereſſées, c'eſt ce qui n'a été jamais encore entrepris dans aucun autre païs du monde. C'eſt la cour d'amirauté de la puiſſance, dont les ſujets font la capture, qui doit decider, ce qui eſt de bonne priſe, ou ce qui ne l'eſt pas. Chaque Souverain étranger, avec qui on eſt en amitié, a droit de demander que juſtice ſoit rendûe à ſes ſujets, par ces tribunaux, conformement au droit des gens, ou aux traités particuliers, s'il en ſubſiſtent avec lui; & lorsque dans des cas, qui ne peuvent être ſuſceptible d'aucun doute, ces tribunaux procédent d'une manière diametralement oppoſée au droit des gens, ou aux traités en vigueur, alors le Souverain neutre eſt en droit de s'en plaindre.

Mais il n'y a jamais eû, & il ne peut jamais y avoir aucune autre methode équitable, ni legitime, de juger ces cauſes. Depuis les temps les plus reculés, toutes les nations maritimes de l'Europe ont uniformement obſervé cette maniere de proceder, lorsqu'elles étoient en guerre, & toutes les autres puiſſances qui étoient en paix, y ont unanimement donné leur approbation.

Qui plus eſt, les perſonnes chargées par Sa Majeſté Pruſſienne, d'une commiſſion ſi extraordinaire & ſi inoüie, ne pretendent pas même, que les effets con-

confisqués dans les quatre cas de la liste A, & reclamés aujourd'hui, ayent appertenu à des sujets prussiens; mais ils declarent franchement, qu'ils ne procèdent en cela, que sur le principe évidemment faux, *que ces dites cargaisons n'étoient point sujettes à recherche, saisie, ni confiscation, quoiqu'appartenantes à l'ennemi, puisqu'elles étoient chargées sur un vaisseau neutre,*

IV. Quant aux Questions, Principes et Argumens *contenûs dans le Memoire de Monf. Michell, dans la Sentence des Commissaires Prussiens, & dans l'Exposition des Motifs &c.*

Nous ne nous arrêterons qu'aux propositions suivantes, comme ayant quelque apparence d'objections, contre ce que nous venons d'exposer à Votre Majesté.

Premiere Proposition.

Que par le droit des gens, les effets d'un ennemi ne peuvent pas etre saisis à bord d'un vaisseau ami. Et c'est ce que les commissaires prussiens établissent pour base de tout leur travail.

Reponse. Le contraire est trop notoirement reconnû, pour pouvoir être contesté. Tous les auteurs, qui ont écrit sur le droit des gens, en font foi. Nous n'en citons que quelques uns de differentes nations. *(f)* L'usage

(f) *Il consolato del mare*, Cap. 273. dit expressement que les effets ennemis, à bord d'un vaisseau ami, doivent être confisqués; & c'est un livre de grande autorité. *Grotius de J. B. & P.* Lib. 3. Cap. 1. Sect. 5. No. 4. dans les notes, où il cite ce passage du *Consolato*, & dans les notes Lib, 3. Cap. 6. Sect. 6. *Loccenius de Jure ma-*

L'usage constant, ancien & moderne, le confirme d'une maniere incontestable; & rien ne prouve plus fortement que c'est la regle générale, que les exceptions qui y ont été faites par des traités particuliers. (g)

SECONDE PROPOSITION.

On allégue deux declarations verbales, comme faites par le Lord Carteret, *en 1744, par lesquelles il auroit donné, au nom de Votre Majesté, des assurances, que rien de ce qui se trouveroit à bord d'un vaisseau* prussien *ne seroit saisi, hors la contrebande; consequemment, que tous les effets appartenants à l'ennemi, mais qui ne seroient point contrebande, seroient libres; & que le Lord* Chesterfield, *auroit ensuite confirmé ces mêmes assurances par écrit le 5 Janvier, 1747.*

Reponse. Que ces allégations soyent en elles mêmes bien exactes, ou non, peu importe, puisqu'il n'y a que quatre cas, dans les listes A & B, où des effets, trouvés à bord d'un vaisseau *prussien*, ayent été con-

maritime L. 3. C. 4. Sect. 12. *Voetius de Jure militari* Cap. 3. No. 21. *Heineccius*, Auteur Prussien ci-dessus cité, decide cette question clairement & positivement, dans son livre de *navibus ob vecturam vetitarum mercium commissis.* Cap. 1. Sect. 14. & Cap. 2. Sect. 9. *Bynkershoek Quæstiones juris publici*, Lib. 1. Cap. 14. per totum. *Zouch*, Anglois, dans son livre de *Judicio inter gentes*, Pars 2. Sect. 8. No. 6. *Traité entre la Grande-Bretagne & la Suède*, du 23 Octob. 1661. Art. 12 & 13. Traité entre la *Grande-Bretagne & le Dannemarc*, du 29 Nov. 1669. Art. 2. Et le reglement fait dans ce traité, pour les passeports & certificats, est essentiel sur cette matiére.

(g) Traité entre la *France & l'Angleterre*, 24 Fevr. 1667. Art. 8. Traité d'*Utrecht* entre *l'Angleterre & la France*, 1713. Art. 17. Traité entre *l'Angleterre & la Hollande*, 17 Fevr. 1668. Art. 10. Traité entre *l'Angleterre & la Hollande*, 1 Dec. 1674. Art. 8. Traité entre l'*Angleterre* & le *Portugal*, 10 Juillet. 1654. Art. 3. Traité d'*Utrecht* entre la *France* & la *Hollande*, 11 Avril, 1713. Art. 26.

confisqués; & qu'on ne pretend pas même aucune ſatisfaction pour les dites 4 cargaiſons, dans les liſtes A & B. Il paroit cependant convenable, de faire voir le peu de ſolidité de ce prétexte.

Suppoſé, que le Lord *Carteret* ſe ſoit ſervi des propres termes qu'on lui attribue, ils ne ſauroient pourtant donner aucun lieu à ce qu'on s'efforce d'en inférer: bien loin d'impliquer aucune nouvelle ſtipulation, differente du droit des gens, ils mettent les ſujets pruſſiens expreſſement au niveau des autres puiſſances neutres, qui ſe trouveroient dans les mêmes circonſtances que le Roi de Pruſſe, c'eſt-à-dire, avec lesquels on ne ſeroit engagé par aucun traité particulier. L'expreſſion, de traiter quelqu'un ſur le même pied que les puiſſances neutres, ne peut avoir aucun rapport à un traité particulier. On n'en a nommé aucun. Les traités que nous avons avec la Hollande, la Suède, la Ruſſie, le Portugal, le Dannemarc &c. ſont tous différens l'un de l'autre; & qui eſt-ce qui ſauroit dire, auquel de tous ces traités la dite expreſſion ſe doit rapporter? D'ailleurs, ſi cette ſuppoſition avoit lieu; il n'y auroit point de reciprocité dans le cas, le Roi de Pruſſe ne voulant jamais convenir, qu'aucune clauſe, acceptée par les autres puiſſances dans leurs traités reſpectifs, le puiſſe engager à rien. On n'a confisqué ici, aucuns effets pruſſiens, trouvés à bord d'un vaiſſeau ennemi; cependant ils auroient dû l'être, ſi par exemple nos traités avec la Hollande devoient ſervir de regle, entre la Grande-Bretagne & la Pruſſe. Toutes les demandes même, qu'on fait actuellement, de la part de la Pruſſe, ſeroient manifeſtement injuſtes, ſi ces traités servoient de regle, puisque les Hollandois sont obligés, par les traités, de recourir en dernier ressort à la cour des appels de Votre Majesté.

Voici ce que dit à ce sujet l'article 2. du traité d'alliance entre la *Grande-Bretagne* & la *Hollande*, signé à *Westminster*, le 6 Fevrier, 1716.

Comme il s'est élevé des Contestations, touchant l'explication du 12 article du traité de marine de l'année 1674; a fin de mettre fin à tout differend sur ce sujet, il est convenu & conclu par les presentes, que par les révisions designées dans le dit article, on n'a entendu que celles qui par usage sont reçûes, & l'ont été de tout temps, dans la Grande-Bretagne, & dans les Provinces Unies, & qui sont accordées, & ont toujours été accordées, en cas pareil, aux habitans des dits Etats, & à toute nation étrangere quelconque.

On fait deux fois refuser le Lord *Carteret*, sous l'acquiescement de Monf. *Andrié*, de rien donner par écrit, comme étant inusité en Angleterre.

Mais si, comme il est à supposer, le Lord Carteret n'entendoit rien d'autre dans ces conversations, que de faire une declaration tres naturelle, qu'il seroit rendu justice, à tous égards, aux sujets prussiens, de la même maniere qu'à ceux de toute autre nation neutre, avec la quelle on n'a point de traité particulier; il n'étoit nullement besoin de donner une telle assurance par écrit, puisqu'en Angleterre la couronne n'interpose jamais son autorité dans l'administration de la justice; nul ordre n'est jamais donné, nulle intimation ni insinuation n'est jamais faite, à aucun juge: & le devoir des cours d'amirauté étant de rendre bonne & égale justice à tous, le Lord Carteret savoit bien

bien, qu'elles feroient d'elles mêmes ce dont il assuroit Monf. Andrié.

Si l'intention avoit été, de convenir entre la Grande-Bretagne & la Prusse de quelque arrangement particulier, different du droit des gens dans des cas particuliers, & d'établir ainsi une loi nouvelle, selon laquelle les cours d'amirauté dussent prononcer, cela n'auroit pû se faire que par un traité écrit & solemnel, dûement autorisé & revetû de toutes ses formalités; autrement on n'en auroit pû ni conserver la memoire, ni les parties interessées, & les cours d'amirauté, en prendre connaissance.

Mais puisqu'on insiste aussi sur une confirmation des mêmes assurances, comme donnée par écrit dans une lettre de Milord *Chesterfield*, du 5 Janvier, 1747; on a cherché dans les protocoles des secretaires d'état, & on a trouvé cette lettre, écrite à Monf. Michell, que nous croyons devoir inserer ici mot à mot.

A Whitehall, le 5 Janvier, 1747.

Ayant eû l'honneur de recevoir les ordres du Roi sur ce qui a formé le sujet du memoire, que vous m'avez remis du 8 Decemb. N. S. je n'ai pas voulu tarder à vous informer, que Sa Majesté, pour ne rien omettre, par où Elle peut temoigner ses attentions envers le Roi, vôtre maitre, ne fait nulle difficulté de declarer, qu'Elle n'a jamais eu l'intention, ni ne l'aura jamais, de donner le moindre empechement à la navigation des sujets prussiens, *tant qu'ils auront soin d'exercer leur commerce d'une maniere licite, & conformément à l'ancien usage établi & reconnu parmi les puissances neutres.*

Que Sa Majeste Prussienne *ne peut pas ignorer, qu'il y a des traités de commerce qui subsistent actuellement entre la* Grande-Bretagne *& certains Etats neutres, & qu'au moyen des engagemens formellement contractés de part & d'autres par ces mêmes traités, tout ce qui regarde la maniere d'exercer leur commerce reciproquement, à été finalement constaté & reglé.*

Qu'en même tems il ne paroit point, qu'aucun traité de la nature susdite existe à present, ou a jamais existé, entre Sa Majesté & le Roi de Prusse; *mais que pourtant cela n'a jamais empeché, que les sujets* prussiens *n'ayent été favorisés par* l'Angleterre *par rapport à leur navigation, autant que les autres nations neutres; & cela étant, Sa Majesté ne presuppose pas, que l'idee du Roy votre maitre seroit, d'exiger d'elle des distinctions, encore moins des preferences, en faveur de ses sujets à cet égard.*

Que de plus, Sa Majesté Prussienne, *est trop éclairée pour ne pas connoitre, qu'il y a des loix fixes & établies dans ce gouvernement, dont on ne peut nullement s'écarter; & que s'il arrivoit, que la marine* angloise *s'avisât de faire la moindre injustice aux sujets commerçans du Roi votre maitre, il y a un tribunal ici, savoir la haute cour de l'amirauté, à laquelle ils se trouvent en droit de s'addresser, & de porter leurs plaintes; assurés d'avance, en pareil cas, qu'on leur y rendra bonne justice; les procedés juridique de la dite cour, étant & ayant été de tout tems hors d'atteinte & irréprochables: Temoin, nombre d'exemples, où des vaisseaux neutres pris illicitement, ont été restitues avec fraix & dommages aux propriètaires.*

Voici ce que le Roy m'a ordonné de vous repondre sur le contenu de vôtre dit memoire: & Sa Majeste ne sauroit que se flatter, qu'en consequence de ce que je viens d'avancer, il ne restera plus rien à desirer au Roy votre maitre relativement à l'objet dont il est question; & le Roy s'en croit d'autant plus

plus assuré. qu'il est persuadé que Sa Majesté Prussienne *ne voudroit rien demander qui ne fut équitable.*

Je suis avec bien de la considération

Monsieur

Votre très humble & très

obeissant serviteur

CHESTERFIELD.

Cette lettre s'explique assez d'elle même. Elle est claire & met la Prusse, en termes bien exprès, sur le même pied que les autres puissances neutres, avec lesquelles nous n'avons point de traités, & indique la voye la plus propre de demander réparation.

Les deux déclarations faites par le Lord Carteret à Monsʳ. Andrié, au mois de May, 1744, & qu'on dit être confirmées par cette lettre du Lord Chesterfield, ne peuvent en effet avoir dit rien de plus. Du moins il est clair, par l'extrait ci-dessus inseré de la lettre de Monsʳ. Andrié à Sa Majesté Prussienne, que le $\frac{\text{29 Mai,}}{\text{9 Juin,}}$ 1747. il étoit lui-même d'opinion, que les effets de l'ennemi, trouvés à bord d'un vaisseau neutre, étoient sujets à être confisqués, comme de bonne prise.

Et il paroit évidemment, par des pieces authentiques, que les sujets prussiens n'ont jamais crû, qu'ils avoient acquis aucun droit nouveau & particulier.

Il ne paroit pas non plus, que les sujets prussiens ayent entrepris ouvertement, de couvrir aucuns effets ennemis, avant l'année 1746.

Les

Les vaiſſeaux de Vôtre Majeſté, & les armateurs, ne pouvoient pas ſe diſpenſer de faire des captures, en vertu des declarations verbales de Milord Carteret, faites en 1744, vû qu' ils n'en ont jamais eû, ni pû avoir connoiſſance; & ſi ce n'étoient que de ſimples aſſurances d'une juſtice impartiale, il étoit même fort inutile, de le leur notifier, puisque tous les vaiſſeaux de guerre ſont indiſpenſablement obligés d'agir, & les cours d'amirautés de juger, conformément au droit des gens & aux traités.

Jusques en 1746 les documens pruſſiens ont conſiſté dans un certificat de l'amirauté, que le vaiſſeau étoit de conſtruction pruſſienne, accordé ſur le ferment du Charpentier qui l'avoit conſtruit, & dans un autre certificat de l'amirauté, ſur le ferment du proprietaire, que le vaiſſeau appartenoit à un ſujet pruſſien. Et c'eſt ſeulement depuis 1746, que les Pruſſiens s'engagérent ouvertement dans la pratique lucrative de couvrir les effets de l'ennemi. Mais ils paroiſſent avoir été embaraſſés d'abord, comment s'y prendre, & quelle couleur y donner, pour le faire avec ſuccès.

Il ſe trouva ſur le vaiſſeau, nommé *les trois ſoeurs*, un paſſeport ſous le ſceau royal de la regence *Pruſſienne* de *Pomeranie*, daté à *Stettin*, le 6 Octobre, 1746. portant, que la cargaiſon, qui étoit du bois de conſtruction pour les vaiſſeaux, chargé pour *Port l'orient*, appartenoit à un ſujet pruſſien, & en vertu de cela, requerant *libre paſſage pour le vaiſſeau*.

Mais comme la nouveauté, de fonder la liberté du vaiſſeau ſur cette de la cargaiſon, étoit trop grande, pour pouvoir réuſſir, on prit enſuite la voye oppoſée, &

& ſur le vaiſſeau, nommé *les Jumeaux*, il ſe trouva un paſſeport, ſous le ſceau royal &c. daté à *Stettin*, le 27 Juin, 1747, portant, que le vaiſſeau appartenoit à un Pruſſien, & en vertu de cela, réquerant *libre paſſage pour les effets.*

On ne s'étoit pourtant pas fié à ce ſeul paſſeport, car ſur le même vaiſſeau il s'en trouva encore un autre, pareillement muni du ſceau royal &c. daté à *Stettin*, le 14 Juin, 1747, portant, que la cargaiſon appartenoit à un Pruſſien.

Et il eſt digne de remarque, que les ſermens, ſur lesquels ces divers paſſeports avoient été obtenûs, ſe trouvèrent être manifeſtemeut faux; & qu'aujurd'huy dans les liſtes A & B, on ne pretend pas ſeulement, que les cargaiſons auxquelles ils ſe rapportoient, appartenoient à des Pruſſiens.

Comme il eſt dit dans *l'Expoſition des motifs*, qu'au mois de Septembre 1747, Monſ. Michell avoit fait des répreſentations à Milord Cheſterfield, touchant la cargaiſon ſaiſie à bord du vaiſſeau hollandois nommé *les trois Soeurs*, & reclamée enſuite comme appartenant à un Pruſſien; & comme néanmoins nulle mention de cette cargaiſon n'eſt faite dans les liſtes A & B; nous avons fait mettre devant nous les procédures de cette cauſe, & il y paroit de la maniere du monde la plus claire & la plus convaincante, tant par les lettres de mer, que par les depoſitions du vaiſſeau, que la cargaiſon étoit du bois de conſtruction, chargé pour le compte, & au risque, des François, à qui il devoit être delivré au Port *l'Orient*, *en payant le fret ſelon la Charte partie;* que le demandeur pruſſien n'étoit ni fretteur, ni chargeur, ni conſignataire de la cargaiſon;

& que toute la part, qu'il y avoit jamais eûe, étoit d'y avoir prêté son nom & sa conscience; car il avoit fait serment, que cette cargaison lui appartenoit en propre, & qu'elle avoit déja été chargée le 6 Octobre, 1746, ou même auparavnnt, & cependant le vaisseau avoit alors encore été en lest, & aucune partie de toute cette cargaison, ne fut chargée avant le mois de May, 1747.

Nombre d'autres révendications prussiennes se trouvérent de même, & si palpablement n'être que simulées, que Mr. *Andrié*, par sa lettre du $\frac{\text{29 May,}}{\text{9 Juin,}}$ 1747, ci-dessus citée, semble en avoir eu honte.

Troisieme Proposition.

Que le Lord Carteret, dans les deux conversations susdites, a specifié au nom de Vôtre Majesté, quels objets devoient être reputés de contrebande.

Reponse, Ce qui peut en être, n'est d'aucune consequence par rapport aux cas des listes A & B, parceque de tous les effets condamnés ici comme contrebande, réelle ou pretendûe, il ne s'en trouve aucun d'inseré dans ces listes, comme ayant appartenû à des Prussiens. Desorte que, soit comme marchandises de contrebande, soit comme appartenantes à l'ennemi, elles étoient dans l'un & l'autre cas condamnées fort justement; & les connoissemens s'en étant trouvés faux, les vaisseaux ne pouvoient pas être fondés à en demander le frêt.

Mais supposé que le discours de Milord Carteret en question fut essentiel dans les cas presents, les déclaraclarations verbales d'un miniſtre, faites en converſation, peuvent bien faire connoitre ce qu'il croit lui-même être de contrebande, ſelon le droit des gens; mais elles ne peuvent jamais être entendûes comme ayant la force d'un ttaité, fait pour deroger audit droit des gens.

Les obſervations faites ci-deſſus ſur les autres parties de ces déclarations verbales, ſont également applicables à cette troiſieme propoſition.

Quatrieme Proposition.

Que les miniſtres britanniques ont dit, que ces cas etoient decidés ſuivant les loix d'Angleterre.

Reponſe. Il faut qu'on les ait mal compris, parceque par les loix d'Angleterre même il eſt ſtatué, qu'en tems de guerre toutes les captures faites ſur mer ſoyent jugées par une cour d'amirauté, conformément au droit des gens, & aux traités particuliers, où il y en a.

Auſſi n'a-t-il jamais exiſté de cas, où une des cours de juſtice, établies pour juger ſelon les loix d'Angleterre, ait pris connoiſſance d'une capture,

Comme dans cette derniére guerre, la proprieté entière des priſes avoit été concedée à ceux qui les feroient, il n'étoit point dans le pouvoir de Vôtre Majeſté, de les faire relâcher arbitrairement, à leur préjudice; c'eſt pourquoi Elle en remit la deciſion à des tribunaux établis pour les juger, ſelon le droit des gens, & les traités, où il s'en trouveroit. Et il n'a jamais été imaginé, que les loix, qui ſont particulieres à ce royaume, puſſent affecter la proprieté d'un

H 2 ſujet

ſujet étranger, amenée ici comme priſe faite en pleine mer.

Cinquieme Proposition.

Que Votre Majeſté ne pouvoit pas avoir plus de droit, que Sa Majeſte Pruſſienne, d'eriger des tribunaux pour juger ces cauſes.

Reponſe. Il eſt hors de doute, que chaque couronne a un droit égal d'eriger des cours d'amirauté, pour juger ces priſes, faits en vertu de leurs commiſſions reſpectives; mais il n'y a aucune couronne quelconque, qui ait le droit de juger les priſes, faites par les ſujets d'une autre couronne, ni d'infirmer les ſentences emanées du tribunal d'une autre couronne. La ſeule voye reguliere d'en faire rectifier & réparer les erreurs, eſt par appel au tribunal ſuperieur du même Souverain.

Telle eſt inconteſtablement la loi du droit des gens; & c'eſt par cette même voye, que les priſes ont été conſtamment decidées, dans tous les païs maritimes de l'Europe, auſſi bien qu'en Angleterre.

Sixieme Proposition.

Que la mer eſt libre.

Reponſe. Ceux même, qui ſoûtiennent cette propoſition dans ſa plus grande étendûe, conviennent *(b)* néanmoins, que quand deux puiſſances ſont en guerre, elles ont droit de ſaiſir les effets l'une de l'autre, en pleine

(*b*) Comme on le peut voir dans les paſſages de *Grotius* cités ci-deſſus, Lib. 3. Cap. 1. Sect. 5. N. 4. dans les notes. Et Lib. 3. Cap. 6. Sect. 6. dans les notes.

pleine mer, & à bord des vaisseaux amis; de sorte que cette controverse ne peut en aucune maniére s'appliquer au cas dont il s'agit présentement.

SEPTIEME PROPOSITION.

Que la Grande-Bretagne a publié elle même des represſailles contre l'Eſpagne, pour cauſe des captures faites par elle ſur mer.

Reponſe. Ces captures avoient été faites dans un temps où nous n'étions en guerre avec aucune puiſſance; elles n'avoient point éte jugées par des cours d'amirautés, ſelon le droit des gens, mais par des cours des finances, ſur des reglemens qui faiſoient eux-même un des griefs; la demande des dommages cauſés avoit enſuite éte admiſe, & liquidée à une certaine ſomme, & le payement promis par une convention expreſſe, mais qui ne fut point executée; les répreſſailles s'enſuivirent, mais elles étoient générales; aucune des dettes qui étoient duës ici à des ſujets eſpagnols, ne fut arrêtée, aucun de leur effets en Angleterre ne fut ſaiſi; ce qui nous conduit naturellement à une autre obſervation.

Le Roi de Pruſſe a engagé ſa parole royale, de payer la dette ſur la *Sileſie*, dûe à des particuliers. Cette dette eſt commerçable, & une bonne partie peut en avoir été transferée à des ſujets d'autres puiſſances. Il ne ſera pas aiſé de trouver un exemple, que jamais Souverain ſe ſoit porté a ſaiſir, par répreſſailles, une dette, qu'il devoit lui même à des particuliers; auſſi les intereſſés ont-ils la confiance, que cela n'arrivera point.

Un particulier prête ſon argent à un Souverain, ſur la foi de ſon honneur, parcequ'un Souverain ne peut point, comme le reſte des hommes, être actionné, & contraint à payer par voye de juſtice.

L'Angleterre, la France, l'Eſpagne, ont gardé cette foi publique ſi religieuſement, qu'elles n'ont pas ſouffert, même pendant la guerre, qu'on s'enquit ſeulement, ſi partie de leur dettes publipues étoit dûe aux ſujets de l'ennemi; quoiqu'il ſoit certain, quil y avoit dans ce temps là beaucoup d'argent Anglois dans les fonds de France, & beaucoup d'argent françois dans les fonds d'Angleterre.

Cet emprunt, que le feu Empereur Charles VI. fit, au mois de Janvier 173$\frac{4}{5}$, n'étoit point une transaction d'Etat à Etat, mais un ſimple contrât, fait avec des particuliers, qui prêtoient leur argent ſur l'engagement que l'Empereur prit, pour lui, ſes heritiers & deſcendans, de payer le capital avec l'interêt de la maniere, & dans les termes, reglés par le contrât, *ſans delai, retardement, deduction, ni rabais quelconque*, avec promeſſe, au cas que les inſtruments & les paroles, dont on fit uſage, ne fuſſent pas jugés aſſez forts, d'aſſurer l'execution de ſon contract, *dans, & par tels autres actes, moyens, manieres, formes & paroles, qui ſeroient les plus valides, & les plus efficaces pour lier le dit Empereur, ſes ſucceſſeurs & deſcendans &c. tels que les preteurs pourroient raiſonnablement les exiger.*

Il hypothequa ſes revenûs des Duchés de la *Haute & Baſſe Sileſie*, pour ſûreté réelle & ſpecifique du payement du capital & des interêts. La dette en-

entiere, capital & interêts, devoit être acquitée dans le courant de l'année 1745.

S'il étoit même arrivé, qu'elle n'eût pas pû être payée sur les revenûs de la Silesie, l'Empereur, ses heritiers & descendans, en seroient toujours demeurés debiteurs, & obligés à payer; car l'eviction ni la destruction de ce qui est hypothequé n'eteint pas la dette, ni en decharge le debiteur. Pour cette raison l'Imperatrice-Reine, sans le concours des prêteurs, stipula, comme la condition sous laquelle elle cédoit les Duchés de Silesie au Roi de Prusse, que, par rapport à cette dette, Sa Majesté Prussienne se tiendroit pour subrogée au lieu & à la place de feu l'Empereur son pere. Et voici les propres termes du septieme des articles préliminaires entre la Reine d'Hongrie & le Roi de Prusse, signés à Breslau, le 11 Juin, 1742. *Sa Majesté le Roi de Prusse se charge du seul payement de la somme hypothequée sur la Silesie, aux marchands anglois, selon le contract signé à Londres, le 7 Janvier, 173$\frac{4}{5}$.*

Cette stipulation a été ensuite confirmée par le 9 article du traité entre leurs dites Majestés, signé à Berlin, le 28 Juillet. 1742.

Elle a encore été renouvellée & confirmée par le second article du traité entre leurs dites Majestés, signé à *Dresde* le 25 Decembre, 1745.

En considération de la cession de la Silesie, faite par l'Imperatrice-Reine, le Roi de Prusse s'est de son côté engagé envers Elle, à payer la somme selon le *contract*, & il s'est par consequent engagé à être en tout

tout ſens, quant à cette ſomme, au lieu & à la place du feu Empereur.

Or le feu Empereur n'auroit pas pû ſaiſir cette ſomme par répreſſailles, ni même comme effets ennemis, en cas de guerre ouverte entre les deux nations; parcequ'il avoit engagé ſa foi, de payer *ſans delai, retardement, deduction, ni rabais quelconque.*

Si ces termes ne s'étendoient pas à tous les cas poſſibles, il avoit engagé ſon honneur, de ſe lier encore plus efficacement à payer cette ſomme en telle forme de paroles qu'on pourroit exiger; & ainſi il pouvoit être requis en tout temps de declarer expreſſement, que cette ſomme ne ſeroit ſaiſie, ni par répreſſailles, ni en temps de guerre; comme cette ſorte d'engagement ſe pratique frequemment, lorsque les Princes & Etats ſouverains empruntent de l'etranger.

D'ailleurs, la dette entiere devoit, *ſelon le contract,* avoir été acquittée dès 1745; on doit donc, en juſtice & equité conſiderer le contract, comme ayant été rempli dès lors, en tant que cela peut intereſſer la ſureté des créanciers, or, les plaintes pruſſiennes n'ont commencé qu'en 1746, quand toute la dette auroit déja dû être payée en entier.

C'eſt ſur ce principe de juſtice naturelle, que les vaiſſeaux & effets françois, que nous avions ſaiſi à tort, durant la guerre avec l'Eſpagne, & avant celle avec la France, ont été reſtitués eux propriétaires françois, même au plus fort de la guerre avec la France, & depuis, par les ſentence des tribunaux de Votre Majeſté, on n'a jamais pretendû confiſquer ces

ces vaisseaux, ni ces effets, comme appartenant à des sujets d'un ennemi actuel, parcequ'ils ne seroient pas tombés entre nos mains, sans le tort que nous leur avions fait avant la guerre declarée. Tout de même cet argent ne se trouveroit il point aujourd'hui entre les mains de Sa Majesté Prussienne, s'il n'avoit point été auparavant manqué au contract, par defaut de payement de la somme entiére en 1745.

La Garantie de Vôtre Majesté, qui a été donnée pour la totalité des susdits trois traités ne peut que dependre des mêmes conditions, sous lesquelles la cession de l'Imperatice-Reine a été faite.

Mais toute cette deduction est en quelque maniere superflue; puisque si la voye des répressailles est illicite dans cette occasion, comme nous croyons l'avoir suffisamment prouvé, il est hors de dispute, que le refus du payement de cette dette seroit une infraction manifeste des engagemens de Sa Majesté Prussienne, & une renonciation averée de Sa part aux traités susdits.

Il ne nous reste qu'à sousmettre très humblement ce que dessus aux lumieres & à la prudence de Votre Majesté.

George Lee.

G. Paul.

D. Ryder.

W. Murray.

Le 18 Janvier, 1753.

Nr. 7.

Replique générale au Rapport des commiſſaires anglois touchant les deprédations des armateurs anglois; principalement, quant au *Droit*.

§. 1.

La proprieté des choſes a été introduite par la loi de la nature humaine, la ſeule que nous connoiſſions capable de diſcerner le juſte d'avec l'injuſte, le permis d'avec le defendu. Par conſequent il eſt injuſte & defendu d'entrer ſur le bien d'autrui, ſoit ſur le continent, ſoit en mer, ſans le conſentement exprès ou tacite du proprietaire, & il eſt également injuſte, c'eſt à dire contraire à la loi de la nature, de ſaiſir le navire de quelqu'un par mer, & de s'emparer de ſes biens fonds, ſans qu'il y conſente.

§. 2. Cependant il s'eſt introduit dans cette loi, en vuë de l'utilité & de la convenance du genre humain en général, d'un conſentement univerſel, diverſes exceptions, & c'eſt ce qu'on appelle le droit des gens. Par exemple:

§. 3. Comme on risque toujours d'être moleſté en mer par des pirates, le droit des gens permet aux vaiſſeaux de guerre de viſiter, même en tems de paix, chaque vaiſſeau, qu'ils rencontrent en mer, c'eſt à dire, d'evoyer à ſon bord *deux* ou *trois* perſonnes, pour examiner, ſi c'eſt un vaiſſeau pirate, ou s'il fait route legitime; & tout batiment, qui ſe refuſe à une viſite auſſi amicale, donne lieu de ſoupçonner qu'il eſt piratique, & peut être attaqué & ſaiſi par la force, ſans s'expoſer au reproche d'avoir bleſſé le droit de la nature & des gens, ou inſulté la nation, à laquelle le vaiſſeau appartient. J'ai dit, qu'il peut y envoyer

deux

deux ou *trois* perſonnes. Car aucun maitre de vaiſſeau n'eſt obligé d'admettre en mer ſur ſon bord, un nombre de gens aſſés conſiderable, pour pouvoir ſe rendre maitre de lui & de ſon batiment, & s'il y eſt forcé, quoiqu'il n'en ſouffre aucun tort, la nation, dont il eſt, doit l'enviſager comme une inſulte faite à elle même, & en demander ſatisfaction.

§. 4. En tems de guerre, c'eſt à dire, toutes les fois que deux nations ont guerre enſemble, le droit des gens permet aux vaiſſeaux de guerre de l'une & de l'autre, de viſiter *de la même manière*, chaque navire qu'ils rencontrent en mer, pour voir, non ſeulement, s'il navigue dans les régles, ou ſi c'eſt un pirate, mais encore s'il appartient à une nation neutre on ennemie. Car ſi c'eſt un vaiſſeau ennemi, & que toute la cargaiſon lui appartient, le vaiſſeau & la cargaiſon deviennent de bonne priſe, & tournent au profit du capteur, en vertu des loix de la guerre, reconnues ſans contradiction, & adoptées partout. Mais ſi c'eſt un vaiſſeau neutre, ou que la cargaiſon d'un vaiſſeau ennemi appartient en tout ou en partie à des amis, alors il en reſulte pluſieurs queſtions, qui ont été determinées differemment en tems differens, & parmi de differentes nations; par conſequent il n'eſt pas aiſé, de determiner ce que dicte en pareil cas le droit des gens. Grotius même avoûe, Livre III. Chap. 1. §. 5. No. 4 & 5. que ſur certaines queſtions de cette eſpéce, il eſt obligé de recourir au droit de nature, par ce qu'il ne trouve rien d'établi là deſſus par le droit des gens; & que par cette raiſon, ceux, qui font la guerre, ont la coûtume d'envoyer publiquement, faire des ſignifications aux autres Etats, afin qu'ils

 ſoyent

ſoyent informés, non ſeulement de la juſtice de leur cauſe, mais encore de l'eſpérance probable qu'ils ont, de tirer raiſon de l'injuſtice qu'on leur pourroit faire là deſſus. Or, pourſuit-il, nous avons raporté cette queſtion au droit de nature, parceque nous n'avons point trouvé dans l'hiſtoire, qu'on en eut rien decidé par le droit des gens volontaire.

§. 5. Il faudra donc, dans tous les doutes de pareille nature, prendre pour guide le droit de nature, & l'utilité & convenance du genre humain; car une pratique qui non ſeulement eſt contraire au droit de nature, mais encore incombinable avec l'utilité & convenance générale du genre humain, ne peut jamais devenir par l'uſage compatible avec le droit des gens, non plus que la *Poligamie*, ni *Sodomie*, ne ſauroient, à force d'uſage, devenir conformes au droit de nature, encore que pluſieurs nations les exercent publiquement & ouvertement.

§. 6. Ces principes étant poſés, examinons maintenant la queſtion, qui s'agite actuellement entre les *Pruſſiens* & les *Anglois*, ſavoir, ſi un vaiſſeau *neutre* peut être detourné de ſon cours, & amené au port, en conſequence d'une preſomption ou d'un ſoupçon, d'avoir à bord des effets appartenants aux ennemis, & ſi l'on peut declarer ces effets de bonne priſe, à moins que le vaiſſeau ne fourniſſe des preuves, qu'ils appartiennent à des amis.

§. 7. Il faut avouer, qu'en de pareils cas des nations belligerantes ſe ſont donné de grandes libertés, particuliérement vis à vis des vaiſſeaux aparténants à des Etats neutres, qui ne ſe trouvoient pas à même de reſſentir l'injure. Mais cette pratique; tant qu'elle

ſera

fera contraire au droit de nature & incombinable avec l'utilité & la convenance générale du genre humain, ne sauroit jamais s'établir en qualité de droit des gens.

§. 8. Or c'est évidemment blesser le droit de nature, que de saisir la proprieté d'un homme, qui est en paix avec moi, ou de l'en dépossеder, quand ce ne seroit que pour un moment: par consequent, de saisir le vaisseau d'un tel homme en mer, est très sûrement une infraction du susdit droit. Son vaisseau est sa proprieté en quelque endroit qu'il se trouve, & je n'y puis entrer pour saisir les effets ennemis, qu'il pourroit avoir à bord non plus que dans un port on territoire neutre, pour m'emparer des navires, ou des effets d'un ennemi. Bien au contraire ce droit de nature à été si fermement établi par les loix & les coutumes de toutes les nations, que quand je suis actuellement en poursuite d'un vaisseau ennemi, & que celui-ci s'echappe dans un port neutre, ce seroit une infraction de la neutralité, si l'on me permettoit d'entrer dans le port, & de m'emparer du vaisseau. *Grotius* dit en termes exprès *Livre III. chap. 6, sect. 26. No. 2.* qu'une Puissance neutre est en droit d'empecher, qu'on ne saisisse pas les effets des ennemis sur son territoire.

§. 9. Quand on considere en suite l'utilité & la convenance générale du genre humain, il est certain que la liberté du commerce & de la navigation est d'une utilité universelle, & que tout le monde y trouve son compte, au lieu que la maxime qui permet de saisir les effets ennemis à bord d'un vaisseau neutre, doit nécessairement assujéttir toutes les nations à tant

de

de vexations, & occasionner tant de disputes & de discussions, que si elle étoit universellement reconnuë, il n'y auroit plus de liberté de commerce & de navigation aussi long tems qu'il resteroit encore au monde, deux nations qui se fissent la guerre. Aussi toutes les nations commerçantes en Europe sentent si vivement les inconveniens, qui resulteroient pour tout le monde de la maxime en question, que la plupart d'entre elles ont adopté la régle contraire, savoir, *que bord libre rend la marchandise libre*, & l'ont ètablié par des traites exprès. Et comme l'utilité & la convenance générale du genre humain fournissent l'unique fondement solide au droit des gens, ces traités, bien loin d'en former une exception, prouvent évidemment, que la regle qu'ils y établissent, apartient au droit des gens, & devroit être suivie dans la pratique de toutes les nations.

§. 10. En effet, il n'est point de nation, qui ait tant d'interêt de souhaiter, que cette régle soit reconnüe partour, comme une maxime du droit des gens, que les *Anglois*. Que deviendroit leur commerce dans la *mediteranie*, si les *Turcs* & les *Maures* saissisoient tous les vaisseaux, qu'ils rencontreroient en mer, sous pretexte qu'ils avoient à bord des effets apartenants aux *Espagnols*, & qu'ils les retinsent jusqu'à ce qu'on leur eut prouvé par des certificats apporté d'Angleterre, que ces effets appartenoient en propre à des *Anglois*? & si de l'autre côté les *Espagnols* en usoient de même, sous pretexte, que les vaisseaux *anglois* portoient des marchandises apartenantes à des *Turcs* ou à des *Maures*: que deviendroit leur commerce dans la *Baltique*, durant la guerre entre quelques unes des Puissances, dont

dont les Etats touchent à ces parages? Que deviendroit leur commerce en *Espagne* ou en *Portugal*, durant la guerre entre ces deux couronnes, ou celle de la *France* avec l'une ou avec l'autre. Bref, que deviendroit leur commerce aux *Indes orientales & occidentales*, & même en tout autre endroit du monde, en cas de guerre entre l'*Espagne* & la *Hollande*, si les deux parties belligerantes étoient autorisées à saisir & à arrêter les vaisseaux *anglois*, sous pretexte, qu'ils portoient quelques effets appartenants aux ennemis de l'une ou de l'autre? Car il est aisé de trouver quelque fondement à de semblables soupçons, & souvent il n'est pas au pouvoir du capitaine, ou du patron du vaisseau, de déclarer sous serment, à qui appartient réellement chaque parcelle de sa cargaison, vû que les connoissements portent fréquemment à l'ordre de celui, qui les a remis à bord, & que par une correspondence secrette entre les parties, qui envoïent les marchandises, & qui doivent les recevoir. La chose peut être menagée en sorte, que les effets paroissent appartenir à l'une, & passer à son risque, tandis qu'ils appartiennent effectivement à l'autre.

§. 11. Ainsi la maxime, que *bord libre rend la marchandise libre*, est non seulement tout à fait conforme au droit des gens, mais il sera de plus toujours de l'interêt de l'*Angleterre*, qu'elle soit établie & adoptée partout avec l'unique exception des marchandises de *contrebande*, & de celles qu'on transporte dans des ports des ennemis *bloqués* par des vaisseaux de guerre. Et comme les *Anglois* ont effectivement établi cette régle, par des traités formels avec quelques nations, ils sont obligés en justice de l'établir avec toutes celles, qui

qui veulent s'engager à l'obſerver reciproquement: toutes les nations neutres étant en droit de prétendre à un traitement égal, & à une indulgence égale par rapport à la liberté du commerce. Auſſi en auroient-ils ſurement uſé de la ſorte durant le cours de la derniere guerre, ſi la conſideration d'un interêt étranger ne les avoit induits, à enviſager comme ſes ennemis ſecrets, certaines puiſſances étrangéres, qui ne ſe propoſérent jamais d'autre but, que de ſe defendre contre l'injuſtice de ceux, qui ſous le nom d'alliés, ont toujours agi, comme s'ils étoient les maitres d'Angleterre.

§. 12. Or parmi toutes les nations, qui ont adopté cette régle, on convient, que les effets d'un ami, même quand on les trouve à bord d'un ennemi, deviennent de bonne priſe, & apartiennent aux capteurs, tandis que les nations, qui ſuivent la maxime contraire, ſoutiennent, que les biens d'un ami ne ſauroient être regardés de bonne priſe, quand même on les auroit ſaiſi ſur un bord ennemi, mais qu'il faut les rendre au proprietaire, dès qu'il aura dûement prouvé, qu'ils lui appartiennent. Voyés les annotations ſur le paſſage allégué de Grotius, & ce qu' il a dit ſur ce ſujet, Livre III. C. 6. §. 6.

§. 13. Mais dans la derniére guerre le gouvernement d'*Angleterre* ſemble avoir adopté tantôt l'une de ces maximes tantôt l'autre, ſelon que cela convenoit le mieux aux interêts de ſes armateurs. Car quand on trouvoit ſur des bords neutres des effets, qu'on pouvoit ſoupçonner tant ſoit peu d'appartenir à l'ennemi, on ne heſita point, de les declarer de bonne priſe, à moins qu'on ne prouvât clairement, qu'elles apparappertenaient à quelque ami. Non obstant cela on declara la meme chose, à l'égard de tous les effets, trouvés sur des vaisseaux ennemis, quoiqu'on se fût offert de prouver, que les effets en question apartenoient réellement à des amis, & même à des Anglois; pratique, qui étant adoptée, comme etablie par le droit des gens, donneroit à la verité des avantages extrèmes aux armateurs, & à tous les vaisseaux armès, qui en agissent en cette qualité; mais combien de troubles & de vexations elle causeroit aux vaisseaux marchands de toutes les nations en tems de guerre, cela saute tellement aux yeux, qu'il seroit superflu d'y repandre des nouvelles clartés. Il paroit d'ailleurs assés par la conduite de l'*Angleterre* vis à vis des autres nations, combien elle est éloignée, de leur passer la pratique de la maxime en question. Car dans les traités de commerce, quelle à conclùs avec d'autres, elle a généralement grand soin de stipuler, qu'en quelque tems qu'il s'élevât des guerres entre la nation contractante & quelques autres, les *Anglois* jouiront constamment d'un libre commerce avec l'ennemi, & pourront par consequent prendre une cargaison entiere de lui, au cas qu'ils eussent contume d'en user de la sorte en tems de paix: traités, qui, comme j'ai observé, bien loin d'introduire une nouveauté, qui derogeât au droit universel des nations, ne font que confirmer une régle, qui en fait partie, & devroit s'observer partout independamment des traités; d'autant que sûrément personne n'osera soutenir, que le *meurtre*, le *larcin*, ou d'autres semblables crimes ne sont pas defendus par le droit de nature, parceque dans toutes les societés, hormi celles des *pirates*, des *brigands*, & des *voleurs*, les loix poſitives & municipales les defendent & les puniſſent.

§. 14. Il reſulte donc de tout ceci, que non obſtant tout ce qui peut avoir été pratiqué au contraire parmi certaines nations, & dans des ſiécles, où l'utilité générale de la liberté du commerce n'a pas été bien entenduë, c'eſt conſtamment une maxime du droit des gens, que le *vaiſſeau libre rend la marchandiſe libre*, *& que tous les effets, trouvés ſur un vaiſſeau ennemi, ſont de bonne priſe*; d'autant que cette regle termine toutes les conteſtations, concernant les cargaiſons, & laiſſe à chaque nation neutre la puiſſance d'un commerce libre à l'égard de tous les effets, qui ne ſont pas de *contrebande*, & de tous les ports, qui ne ſont pas *bloqués* par des vaiſſeaux de guerre, auſſi long tems, qu'elle ne pourſuit que ſon *propre commerce*, ſans s'engager à ce qu'on peut appeller avec raiſon, *fair le commerce des ennemis pour eux*. Car alors elle n'agiroit plus comme une puiſſance neutre, mais comme alliée & auxiliatrice de l'ennemi, & ſi ſur un avertiſſement convenable elle ne s'abſtenoit point d'une pareille manœuvre, elle meriteroit d'être traitée en ennemie.

§. 15. Cependant comme il peut s'élever des diſputes, tant ſur cet article, que ſur ce qui eſt cenſé de *contrebande*, ou non, & que ci devant la régle en queſtion, n'a pas été trop bien obſervée, non plus que la plûspart des autres, il eſt, ſelon *Grotius*, du devoir de chaque nation, qui entre en guerre, d'envoyer des notifications à toutes les puiſſances neutres pour s'expliquer avec elles, de quelle façon elles auront à ſe conduire durant le cours de cette guerre;

&

& cela doit s'obſerver plus particuliérement envers celles avec lesquelles il n'y a point de traité exprès.

§. 16. Le *gouvernement britannique* paroit avoir negligé d'envoyer ces ſortes de notifications aux puiſſances neutres, tant au commencement, que dans le cours de la derniére guerre, mais malgré cette negligence, le Roi de *Pruſſe*, qui veille ſans ceſſe au bien de ſes ſujets, & à leur proſperité, eût ſoin, d'y ſuppléer, & de demander une pareille explication. Il en reçût une du miniſtère *britannique*, d'abord verbale, & puis par écrit: ce qui me conduit à examiner la declaration faite par le Lord *Carteret*, & la lettre écrite par le comte de *Cheſterfield*, que je ſuppoſe couchée dans les mêmes termes, qu'elle eſt enoncée dans le rapport, attaché à la lettre du duc de *Newcaſtle*.

§. 17. On convient, que la declaration verbale du Lord *Carteret* porte en termes exprès, que *rien de ce qui ſe trouveroit à bord des vaiſſéaux pruſſiens, ne ſeroit ſaiſi, à moins qu'il ne fut de contrebande.* N'étoit-ce pas dire avec autant de préciſion, que des termes en puiſſent porter, qu'on obſerveroit la maxime, *qu'un vaiſſeau libre rend la marchandiſe libre, à tous ègards hormis la contrebande?* Et le Lord *Carteret* ayant ajouté, que les navires *pruſſiens* ſeroient traités ſur le même pied, que ceux des autres *puiſſances neutres*, il n'a pù entendre par là, que les *puiſſances neutres*, avec les quelles la maxime ſusdite à été établie. Autrement la derniere partie de ſa declaration contrediroit directement la premire.

§. 18. Cependant comme des declarations verbales ſons ſujetes à être mal interpretées, nous allons examiner celle que le comte de *Cheſterfield* a faite par ecrit. En voici les propres termes: „Sa Majesté *Prussienne* „ne peut ignorer, qu'il y a des traités de commerce, „qui subsistent actuellement entre la *Grande-Bretagne* „& certains Etats neutres, & moyennant les engage- „ments formellement contractés de part & d'autre, „par ces traités, tout ce qui regarde la manière de „poursuivre reciproquement leur commerce, a été „finalement determiné & reglé. En même tems il ne „paroit point; qu'un pareil traité existe présentement, „ou eût jamais existé entre Sa Majesté & le Roi de „*Prusse*. Non obstant, cela n'empecha jamais, que „les sujets *Prussiens* ne fussent favorisés par l'*Angleterre* „à l'égard de leur navigation, autant que d'autres „nations neutres, & Sa Majesté ne présume point, que „le Roi votre Maitre entende demander à Sa Majesté „des distinctions, & beaucoup moins des préferences, „en faveur de ses sujets sur ce point.„

Or le terme: *non obstant:* n'implique-t'il pas, que la suivante expression, de *nations neutres*, doit s'entendre des nations, avec lesquelles Sa Majesté a des traités de commerce, moyennant les quelles l'exercice du commerce en tems de guerre est determiné? Combien n'auroit-il pas été ridicule, de dire: Non obstant, cela n'a point empeché que les sujets *prussiens* ne fussent favorisés par l'*Angleterre* à l'égard de leur navigation, autant que d'autres nations neutres, avec lesquels il n'existe point de pareils traités? Ne saute-t-il pas aux yeux d'un chacun, que le terme de *non obstant*, auroit été ici tout à fait deplacé, & même ridicule?

§. 19. Il s'ensuit donc incontestablement de ces declarations, que les *Prussiens* étoient en droit de demander

mander, qu'on obſervât à leur égard le principe, *qu'un vaiſſeau libre rend la marchandiſe libre*, & que tous les effets trouvés ſur le bord d'un ennemi ſont de bonne priſe. Et il eſt évident qu'ils ont regardé ce principe comme adopté & reconnû par l'une & l'autre nation. Car ils ſe ſont ſoigneuſement abſtenus, de charger leurs effets à bord des vaiſſeaux *françois*, ou s'ils l'ont fait, ils ne les ont jamais reclamès, quand ces navires ſont tombès entre les mains des *Anglois*.

§. 20. Mais on objecte, premiérement, que ni les armateurs *anglois*, ni les cours de l'amirauté *britannique*, n'ont pu prendre conoiſſance des declarations ſusdites. Suppoſé que cela ſoit, ce qui paroit toute fois douteux, le miniſtère *britannique* auroit dû en avertir le miniſtère de *Pruſſe:* auquel cas Sa Majeſté *Pruſſienne* n'auroit certainement pas manqué d'inſiſter ſur la concluſion d'un traité formel de commerce, que les *Anglois* n'auroient point refuſé, non plus dans *ce tems là*, malgré la jalouſie qui ſubſiſta dès lors entre le Roi de *Pruſſe* & un Electeur voiſin. Si l'on objecte encore, *2do* que l'obligation n'étoit pas reciproque, d'autant que, ſuppoſé que les *Pruſſiens* fuſſent engagés dans une guerre, ils n'auroint pas été tenus, de ſe conduire par le même principe à l'égard du commerce des *Anglois;* je reponds, que le principe en queſtion étant la veritable régle, établie par le droit des gens pour l'avantage du commerce, les *Pruſſiens* ne ſont pas moins obligés de s'y conformer. S'ils ne s'y ſont pas encore engagés par un acte formel, la faute en eſt au miniſtère *Anglois*, puisqu'il ne dependoit que de lui, d'inſiſter ſur une contre-declaration de la part de la *Prusse*, ou de reduire cet objet en forme d'un traité, & de le faire ratifier de part & d'autre.

§. 21. Il est donc évident, que les *Prussiens* sont en droit de demander satisfaction & reparation pour chaque navire, qu'on leur à detenû sous prétexte d'avoir à bord des effets apartenants à des *François*, & pour chaque parcelle des effets, qui leur ont apartenû en propre, & qu'on ne leur a pas rendus. Qui plus est, ils sont en droit de demander la même satisfaction pour chaque obole d'effets apartenants effectivement à des *François*, & qu'ils ont eû sur le bord: ce qu'ils semblent toutefois avoir negligé, vû que sur l'article du vaisseau, les *Jumeaux*, qui est le second de la liste A, ils ne demandent aucune satisfaction pour la cargaison, quoi qu'elle eût été confisquée, *mais uniquement une indemnisation pour la detension du navire.* Il ne paroit pas non plus, qu'ils ayent formé des pretensions pour le *frêt* des effets confisqués sous le pretexte, qu'ils apartenoient à l'ennemi: frêt néanmoins qu'ils étoient en droit de demander même en consequence du principe allegué par les *Anglois*, comme étant du droit des gens. Voyez *Grotius* S. 3. Chap. 1. §. 5. No. 4 dans les remarques.

§. 22. Quant aux *effets*, apartenants en propre aux Prussiens, saisis sur d'autres vaisseaux neutres & confisqués par les *Anglois*, j'observerai d'abord, que selon la maxime, que j'ai montré ci-dessus être le véritable principe du droit des gens, non seulement les effets apartenants aux *Prussiens*, mais encore ceux des *Francois* même, n'auroient pû être saisis ni confisqués sur de pareils navires, & la grande interruption que les armateurs *anglois* ont donnée au com-

commerce de toutes les nations neutres, durant le cours de la derniére guerre, ne fait que confirmer cette maxime. J'obſerverai enſuite, que lorsqu'il ne paroit pas clairement par les papiers d'un navire, à qui la cargaiſon appartient, la préſomption porte ſûrement en faveur du proprietaire du vaiſſeau, ainſi que les effets, qui ſe trouvent dans une maiſon, ſont toujours préſumés apartenir à celui qui la tient. De ſorte que qand même on admettroit, que les effets d'un ennemi peuvent étre ſaiſis à bord d'un vaiſſeau neutre un tel vaiſſeau ne pourroit pourtant pas être detenu, à moins qu'il ne parût par les papiers du navire, ou par la confeſſion volontaire du capitaine, ou du ſuper-cargo, que la cargaiſon apartient à l'ennemi en tout, ou en partie. Mais les *Anglois* ſemblent avoir poſé en maxime, je ne conçois pas en vertu de quelle loi, que toutes les fois, qu'il ne paroit point par les papiers du vaiſſeau neutre, à qui apartient la cargaiſon, la préſomption porte, qu'elle apartient à l'ennemi, & doit être confisquée, à moins qu'on ne prouve le contraire: maxime que certainement aucune puiſſance étrangere ne ſauroit admettre, tant à cauſe de la grande interruption qui en reſulte dans le commerce, que par ce qu'elle donneroit lieu à quantité de parjures: crime que tous les gouverneurs des ſocietés doivent tacher de prevenir, en tant que leur devoir eſt, de conſerver la pureté des moeurs parmi les peuples commis à leurs ſoins: & c'eſt à cauſe de cela, qu'on à établi en maxime; *que tous les effets trouvés ſur le bord d'un navire ennemi, ſont de bonne priſe.*

§. 23. Quant au droit de determiner, ſi le vaiſſeau & la cargaiſon ſont de bonne priſe ou non? il eſt

cer-

certain, que les propriétaires ne ſont pas abſolument obligés de s'adreſſer aux cours d'amirauté du prince, à qui le capteur apartient. Ils peuvent également en porter les plaintes à leur propre Souverain, le quel peut par ſon miniſtre en demander réparation par une voye ſommaire: & cela ſe fait très ſouvent, lorsque l'injure eſt trop criante, ou que dans de pareils cas, les cours d'amirauté ont refuſé juſtice. Il eſt vrai, que dans les cas *ordinaires*, les propriétaires portent communément leurs plaintes & prétenſions devant les cours d'amirauté du ſouverain de qui dépend le capteur. Mais quand ils le font, cela ne les met nullement dans l'obligation d'acquieſcer au jugement des dites cours. Bien au contraire, ſi celles-ci leur refuſent juſtice, ou qu'elles trainent ſans raiſon les affaires en longueur, il leur eſt permis de s'en plaindre à leur ſouverain, & à celui-ci de faire examiner la choſe, & trouvant la plainte bien fondée, il eſt en droit de demander réparation & d'y inſiſter. Tout homme, qui a la moindre connoiſſance du droit & de la pratique des nations, ne ſçauroit diſconvenir de ces maximes. Ainſi dès le moment, qu'il ſe trouva, que les cours d'amirauté en *Angleterre* poſoient leur principe, que tous les effets *allant ou venant ſur des vaiſſeaux neutres de France ou d'Eſpagne ſeroient declarés de bonne priſe*, à moins qu'on ne fit paroitre par les papiers des vaiſſeaux, ou par des certificats, que les effets en queſtion apartenoient à des amis, & étoient à leur riſque, les *Pruſſiens*, toutes les fois que le capitaine du vaiſſeau, ou celui qui avoit envoyé la marchandiſe à bord, avoient commis quelque bévuë ou négligence de cette nature, ne pûrent

plus

plus s'attendre à aucun redreſſement, ſi ce n'eſt de s'en plaindre à leur ſouverain: d'autant plus, qu'en fourniſſant de pareils certificats, ils auroient reconnu en quelque façon le principe, avancé par les cours d'amirauté en *Angleterre* contre le droit des gens, & les declarations expreſſes des miniſtres *anglois*.

§. 24. Comme pendant la derniere guerre, les *Anglois* avoient une grande ſuperiorité ſur mer, ils pouvoient ſoutenir peut-être, d'avoir bloqué entiêrement par mer les deux royaumes de France & d'Espagne, & d'être par conſequent en droit d'empécher, qu'aucune nation neutre n'y portât par mer quoique ce fût, qui pût contribuer à les mêttre en état de ſoutenir & de prolonger la guerre. Mais en ce cas les *Anglois* auroient dû en avertir convenablement toutes les nations neutres, & les traiter ſur le même pied. Car d'accorder à une nation neutre quelque liberté que ce ſoit, dans le commerce, ſous le pretexte d'un traité actuellement en force avec elle, & de la refuſer à une autre, qui eſt prête à donner les mains à un traité de la même ſorte, c'eſt faire à celle-ci une injure manifeſte, dont elle eſt en droit & doit ſe reſſentir.

§. 25. Ayant établi ainſi la juſtice de la prétenſion des Pruſſiens, je vais obſerver en ſuite, que dans toutes les tranſactions entre des Etats independants l'un de l'autre, le Roi ou le gouvernement d'une nation & ſes ſujets ſont cenſés être *una & eadem perſona. Une même perſonne*: par conſequent ce qui eſt du par le Roi ou au Roi & gouvernement d'une nation, l'eſt auſſi par ou aux ſujets de la nation, & par contre, ce qui eſt dû par ou aux ſujets d'une nation, l'eſt auſſi par, ou à ſon

Roi, ou à son gouvernement. Cela est fondé sur les principes de l'equité, aussi bien que sur le droit des gens: ainsi qu'il est prouvé clairement *dans l'exposition des motifs* No. 52. 53. En effet je ne crois pas, qu'il y ait homme de bon sens, qui ose le contester. Ainsi tout ce que les armateurs & les sujets d'*Angleterre* doivent à ceux de *Prusse à raison de saisies injustes*, le Roi d'*Angleterre* le doit à celui de *Prusse*, & tout ce que le Roi de *Prusse* doit au sujet d'*Angleterre à comte du prêt sur la Silesie*, est aussi dû au Roi d'*Angleterre*: d'où il s'ensuit néceſſairement, que dès le moment, que la dette mentionnée en premier lieu, commença à être düe par le Roi d'*Angleterre* au Roi de *Prusse*, elle a éteint à proportion celle que le Roi de *Prusse* devoit à celui d'*Angleterre*, & cela par la nature même des compensations, reconnuë généralement par toutes les nations. Quand quelqu'un doit à un autre certaine somme sans interêts, & que celui-ci lui en a prête une autre, quoiqu'à titre d'interêts l'Empereur *Severus* à statué, que les interêts des deux prêts doivent être compensés les uns contre les autres, à proportion de la quantité du principal, disent les pandectes Liv. 16. Tit. 2. Loi II. Et selon les loix romaines non seulement les dettes duës en justice, mais encore celles qui n'étoient duës qu'en équité, étoient admises dans les compensations. Liv. 16. Tit. 2. Loi 6. De sorte que dès le tems que le dedommagement pour les injustes saisies commença à être dû au Roi de *Prusse*, il césſa de devoir à *titre de prêt sur la Silesie*; autrément qu'en tant cette derniere surpasse l'autre, & quand il aura payé cet excédent, ou qu'il est prêt de s'en acquitter, il aura pleinement satisfait à l'engagement con-

contracté par le traité de Breslau: la compensation ayant toujours passé pour bon payement. Voy. Cod. Liv. 4. Tit. 31. Loi 4. & *Grotius* en parlant de la compensation, dit Liv. 3. Ch. 19. §. 17. que quoique celui qui presse l'accomplissement d'une promesse, ne soit obligé par aucun contract, il faudra pourtant dire la même chose, s'il a causé quelque dommage; & puis §. 19. N. 13 „il faut observer toute fois, que la compensation se fasse entre les mêmes personnes, & que „le droit de quelque tiers n'y soit pas interessé, bien „entendu néanmoins, que les biens des sujets selon „le droit des gens, doivent demeurer obligés pour „les dettes de l'Etat.

§. 26. Nous voyons par là, que ce n'est pas proprement par voye de *repressailles*, mais à titre de *compensation*, que le Roi de *Prusse* est en droit de retenir entre ses mains sur le prêt *Silesien*, autant qu'il en faut pour le dedommager *de saisies injustes faites sur ses sujets.* Cependant les créanciers de ce prêt, ne doivent rien perdre de leur argent, étant en droit, de demander le residu au Roi & au gouvernement d'Angleterre. Il faut avouer d'ailleurs, qu le Roi de Prusse en agit généreusement, puis qu'il ne demande les interêts pour les saisies, qu'à raison de 5 *pour Cent.* Car puisque les interêts du prêt *Silesien* à 7 *pour Cent*, avoient cessé dès le moment, que le Roi de *Prusse* a été en droit de demander compensation, il auroit eu raison, de demander également 7 *pour Cent*, sur ce qui lui à été dû à cause des saisies. On ne sauroit disconvenir non plus, que de toutes les nations du monde, il n'en est point qui ait moins de raison de trouver à redire à cette methode de remboursement, que l'Angleterre.

On se souvient encore, qu'immédiatement après l'avenément du feu Roi à la couronne, lorsque le parlement eût accordé une certaine somme, comme duë aux *Hollandois*, bien loin de leur faire remettre la somme entiere, le parlement fit examiner ce qui étoit dû aux officiers de deux Regiments écossois au service des Etats, qu'on avoit reformés: en suite de quoi on defalqua sur la susdite somme la pretension de ces officiers, dont ils furent payès directement, & l'on n'en remit aux *Hollandois* que le surplus.

§. 27. On a opposé à ceci, qu'en premier lieu le Roi de *Prusse* n'est pas recevable dans le cas présent, à reclamer le benefice de la compensation, vû que le prêt *Silesien* auroit dû, conformément au contract, être déja remboursé en 1745, & que par consequent, s'il n'avoit pas manqué à sa promesse, il n'auroit pas eû cet argent entre ses mains dans le tems, *quand les Anglois devinrent ses debiteurs à raison des saisies.* J'y reponds que toutes les fois qu'on emprunte de l'argent en vertu d'un contract ou obligation, qui assigne le remboursement à un certain interêt *annuel*, jusqu'à l'entier acquit de la dette, jamais on n'est censé selon les principes de l'équité avoir mal fait ou contrevenû aux conditions du contract, quand on n'a pas payè précisément le jour marqué, sur tout quand le créancier ne l'exige point, attendu que les interêts tiennent lieu de recompense pour le delai du remboursement, & que le *silence* du créancier sert de preuve, qu'il consent de laisser l'argent entre les mains du debiteur moyennant cette recompense: or les créanciers interessés, au prêt sur la *Silesie* étoient si eloignes de presser leur remboursement, qu'ils auroient été charmés, qu'on qu'on eut voulû continuer le contract, sur le même pied pour jamais.

§. 28. On a objecté en *second* lieu, que la compensation ne sauroit être admise par rapport au prêt sur la *Silesie*, par ce que c'est une obligation transportable & peut actuellement se trouver entre les mains des étrangers; mais n'est-ce pas une régle de loi généralement reconnuë, que le céssionaire tient la place de celui qui céde, & que tout ce qu'on peut demander contre celui-ci, on le peut aussi contre l'autre? Il est vrai, qu'en faveur du commerce, on a introduit une exception de cette régle, par rapport *aux billets de change*: mais aucune exception de cette nature ne fut jamais agréée, ni n'a pû être introduite en faveur *des usuriers, ou de commerçants en fonds publics*. Quant à la conduite des *François* & des *Anglois* envers les propriétaires des fonds publics, elle n'est nullement applicable à la dispute présente. Aucune autre nation n'est obligée de se conduire de la même façon, ni de renoncer au droit, que lui donnent les loix de la guerre, de s'emparer des effets appartenants aux ennemis, quand elle en trouve sur son propre territoire: d'autant plus, que les *François* aussi bien que les *Anglois* ont les uns & les autres des raisons toutes particuliéres pour en user de la maniére qu'ils font.

§. 29. On a pretendu en *troisieme* lieu, que puisque la Reine de *Hongrie* a été obligée en vertu du contract de rembourser le prêt sur la *Silesie sans aucun delai, surséance, defalcation, ni rabais quelconque*, le Roi de *Prusse* en entrant à sa place, s'est imposé les mêmes obligations. Il est aisé d'y repondre. C'est que la *compensation étant payement*, & ayant été toujours censé

 tel,

tel, tout homme, qui paye une partie de sa dette moyennant une *compensation*, & tout le reste *en argent comptant*, aussitot qu'il en est requis, la paye en entier, *sans delai*, *surseance*, *defalcation ou rabais quelconque*. Si la Reine de *Hongrie* étoit restée en possession de la *Silesie*, & qu'Elle ou ses sujets eussent eû une dette à pretendre à la charge du gouvernement d'*Angleterre* ou de ses sujets, Elle auroit été en droit de porter cette dette en compte dans le remboursement du prêt sur la *Silesie*, & selon toutes les apparences Elle n'auroit pas manqué de le faire.

§. 30. Tout le reste des arguments, dont il est fait usage dans la reponse du Duc de *Newcastle*, sont si évidemment frivoles, qu'ils ne méritent pas la peine qu'on s'y arrête. Quel ridicule, par exemple, que d'y attacher le certificat officieux de Maitre *Pierre Trapaud*, tandis qu'il paroit par le recit du dit maitre Pierre, que le vaisseau, dont il parle, à été saisi deux fois, & que le capitaine ne lui a porté rien en compte pour les fraix de la *détention*. Je vais donc finir, en observant, qu'il auroit mieux valu, ne pas mentionner du tout des disputes entre l'*Angleterre* & l'*Espagne* ou ne les toucher que fort légèrement, d'autant que les deux cas portant sur des fondemens tout à fait differents.

Nr. 8.

Replique à la *Defense* Britanique, *quant aux* FAITS, contenus dans le Chapitre II. du rapport des commissaires anglois, du 18 Janv. 1753.

On placera à la tête les propres termes de ce rapport, qu'on fera suivre de la *replique*: „Nous annexons „ici,

„ici, (disent ces commissaires) deux listes, qui repon„dent exactément à celles, cottées A & B, que Mr. „Michell a remises au Duc de Newcastle, avec son „memoire du 23 Nov. dernier, & qui ont été impri„mées depuis à la fin de l'Exposition des motifs: il „paroitra par là, que des 18 vaisseaux, que la liste A „contient avec leur cargaisons, quatre si tant est „qu'ils ayent été pris, furent rendus par les armateurs „mêmes *à la satisfaction des sujets prussiens*, qui n'en ont „jamais portée plainte à aucune cour de justice „angloise.

Reponse. Sa Majesté le Roi ayant chargé par son rescript du 28 Fevr. 1753. son Ministre d'État & de guerre, de *Bismark*, ses Conseillers privés de justice *Loeper* & *Behmer*, ses Conseillers privés des finances *Fæsch* & *Ursinus*, & ses Conseillers privés du commerce de *Campagne* & *Kühn*, de conferer les objections des commissaires britanniques avec les sentences des commissaires prussiens &c. *quant aux faits* y contenus, (puisque, *quant au droit*, il paroitroit un memoire à part) & d'en faire un rapport exact, le quel à été adressé en date du 24 Mars 1753 au Grand-chancelier Baron de COCCEJI. On se contentera ici, d'en donner une courte analyse. Il n'y a donc rien de moins concluant que ce raisonnément: *Quatre vaisseaux pris aux sujets prussiens, leur ont été rendus, par les armateurs anglois même, donc c'est une marque de la satisfaction de ces sujets prussiens.* C'est precisément le contraire, selon le droit reçu universellement en pareil cas, c'est l'armateur, qui doit être le *demandeur*, pour obtenir une sentence, touchant la legitimité de sa prise. Or ces mêmes armateurs avoient saisi les 4 vaisseaux prus-

siens

ſiens en queſtion, les avoient menés dans des ports anglois, les y ont detenu près de deux mois, leur ont pris à leur fantaiſie ce qui leur convenoit, & les ont en ſuite relachés, ne trouvant rien à redire à leur documens. Ceux-ci apres avoir eſſuyé de pareilles pertes, ont naturellement aimé mieux ſe remettre en mer, & continuer leur courſe, que de traduire ces armateurs en juſtice, & plaider, non ſans fraix enormes, contre eux, ce qui auroit augmenté encore d'avantage leur perte. Surtout puisque dans presque tous les cas, même de la plus manifeſte injure de l'armateur anglois, les cours de juſtice angloiſes, l'ont dechargé de tous les fraix, qui ont été mis à la charge du propriètaire du vaiſſeau pris injuſtement. Il n'y a donc içi rien moins à trouver, qu'une ſatisfaction entière, de ces ſujets pruſſiens, qui ſe ſont vûs, dans la neceſſité, de preferer un moindre mal à un plus grand.

„Un vaiſſeau, (continuent les commiſſaires an- „glois) fut reſtitué par Sentence, avec tous dépens „& dommages, liquidés à 2801 l. 12 s. 1 d. Sterl.

C'eſt parmi tant de cas, le ſeul & unique, dans lequel la cour de l'amirauté angloiſe ait condamné l'armateur anglois à la reſtitution des depens & dommages, & cela même avec un rabais de deux tiers, quoiqu'en ce même cas (du vaiſſeau *Anne Eliſabeth*, commandé par le capitaine *Schultz*, de Stettin) les commiſſaires anglois deputés à la recherche de ces dommages, ayent aſſurés eux-mêmes dans leur rapport en ces térmes: „que les dommages en queſtion „étoient bien les plus extraordinaires, qui ſoyent „jamais parvenus à leur connoiſſance dans des cas „ſem-

„ſemblables de vaiſſeaux pris & menés dans les ports „d'Angleterre.

Et ce qu'il y a de plus ſingulier, c'eſt, que les ſujets pruſſiens, intereſſés à ces vaiſſeaux (la veuve Schrœder, le marchand Tornicke & le capitaine Schultz lui même, tous de Stettin,) n'ont pu jusqu'ici jouir de l'effet de cette ſentence: les armateurs anglois (Henry Staffield, capitaine du Salamander, & Thomas Pierre, capitaine du Delphin,) ayant menacé les propriétaires d'un nouveau procès d'appel, qui leur couteroit encore au moins 500 l. Sterl., puisqu'ils ont déja fourni, pour fraix ſeuls, relatifs au vaiſſeau & à la cargaiſon, ſelon la note de leur correſpondent Metzner à Londres du 3 Avr. 1752, au delà de 1100 l. Sterl. en ſorte que ces armateurs les ont abſolument voulu forcer à un accommodement, lequel ils ont conſtamment refuſé, ſe contentant, de proteſter contre ce procédé.

„Trois vaiſſeaux (ſelon les commiſſaires anglois) „furent reſtitués par ſentence, avec payement du „frêt pour la partie des effets, qui appartenoient ma„nifeſtément à l'ennemi, & qui ont été condamnés „comme tels:

Replique. Ces effets en queſtion, n'étoient point de contrebande. On a aſſés démontré dans le memoire principal, que le *vaiſſeau libre rend la marchandiſe même de l'ennemi, libre*, pourvuque celli-ci ne ſoit pas de contrebande. Le *frêt* ne ſuffit point pour bonifier l'enorme perte, cauſée par la longue & injuſte détention du vaiſſeau *neutre*, ce que tout le monde comprend aiſément.

N „Quatre

„Quatre *vaisseaux* furent restitués par sentence, „mais leur *cargaison*, condamnée comme de *bonne prise*, „ou comme *contrebande*. Aussi les listes A & B, ne les „reclament-elles pas, comme appartenantes à des „sujets prussiens.

Toute cette cargaison consistoit en bois, seigle, lin, beurre & suif: articles, qui sont tous exceptés de la contrebande, dans les traités de mer & dans la declaration du Ministère Britannique. Au reste on ne peut pas se dispenser, de faire mention ici, des menées inouïes, qu'on a pratiquées à l'égard du capitaine Franz *Kruth* de Stettin commandant le vaisseau prussien, nommé les *Jumeaux*, appartenant au conseiller *Vanseloo* à Stettin, chargé par le marchand Jaques Francois *Greffe*, du même endroit, de *bois* de construction, destiné à Brest, lequel avoit confirmé par serment devant la regence royale de Pomeranie le 14 Jun. 1747. que cette cargaison étoit menée à Brest à ses perils & ses risques, dont le certificat en due forme, aussi bien que le passeport de la dite regence du 27 Jun. 1747. verifiant la proprieté de ces vaisseaux, avec le connoissement original du 11 Jul. 1747. du dit capitain prussien Kruth, s'étoient trouvé à bord de ce vaisseau, pris dans sa route vers Brest le 12 Aout 1747. par l'armateur anglois, capitaine Henry *Norris*, commendant le vaisseau *Prince Frederic*, lequel, après lui avoir pris tous ses papiers de mer, l'a mené & détenu 6 semaints à Plymouth, sans seulement le faire entendre (ce qui en pareil cas se doit faire au plus tard dans l'espace de 48 heures) tentant par menaces, de le forcer à lui vendre le vaisseau & la cargaison, se voulant contenter enfin (après l'inuti-

lité

lité de ces tentatives) d'un revers, comme quoi le capitaine Kruth renonçoit à toute pretention à l'égard de la prise de son vaisseau. Mais ce capitaine, toujours ferme & inébranlable, obtenant une intercession du secretaire de legation prussien, Michel, l'armateur lui rendit le 10 Nov. 1747. ses documens sans restriction aucune, avec ordre à la garde de quitter le vaisseau. Mais ce capitaine prussien insistant toujours, sur la restitution des fraix, pertes dommages, causés par cette prise & deténtion, également injuste, on lui enleva de nouveau les papiers de mer, on mit de nouveau une garde sur son vaisseau, lui refusa l'audience du Doctor commons, un interprète aussi bien que la communication du protocolle de sa pretendüe deposition, le laissa depuis le 10 Nov. 1747. jusqu'au 5 d'Avril 1748. au delà de 5 mois, dans une complette incertitude, toujours détenu & sous une garde, jusqu'à ce qu'à la fin on lui insinua:

1) qu'on avoit confisqué par une sentence de la cour de justice de l'amirauté du 22 Mars, 1747 toute sa cargaison de bois,

2) qu'on l'avoit condamné à la restitution de tous les fraix en faveur de l'armateur anglois,

3) qu'on ne lui avoit pas même adjugé le frêt de sa cargaison, contre la coutume & pratique constante des cours de justice angloises, même en pareils cas.

La seule raison de cette sentence condemnatoire portoit, „puisque le bois étoit marchandise de con„trebande,„ ce qui étoit encore absolument contraire aux declarations expresses du ministère britannique, & aux traités de mer. Puis on a laissé passer encore

N 2 49 jours,

49 jours, avant que de faire decharger ce vaiſſeau de ſa cargaiſon.

Ce même marchand Greffe a encore ſouffert une autre ſemblable perte conſiderable, ayant chargé le vaiſſeau hollandois, nommé les *trois ſoeurs*, conduit par le capitaine Lammert *Goſſés*, à Rugenwalde en Pomeranie, de bois de conſtruction pour l'*orient*, muni d'un paſſeport de la regence de Pomeranie, & des connoiſſemens en düe formes, neanmoins pris l'an 1747. en pleine mer, par l'armateur William Cuſt, capitaine commendant le vaiſſeau, Otter, & cette cargaiſon fut pareillement confiſquées quoique d'autres armateurs anglois, avoient rençontré la même année en pleine mer, le vaiſſeau du marchand de Stettin, Barthold, nommé *Dame Juliane*, chargé pareillement de bois pour l'orient, & l'avoient, après avoir viſité ſes papiers, laiſſé continuer ſans ulterieure interruption, ſa courſe, convaincus, que le *bois* n'eſt point contrebande; ſans cette perſuaſion, ils n'auroient pas manqué de ſaiſir & s'approprier en chaque cas ſemblable les cargaiſons de bois; ce qui confirme manifeſtément le procedé arbitraire & deſpotique d'autres armateurs anglois:

Au reſte le reproche des commiſſaires anglois, „qu'on ne trouvoit point dans les liſtes pruſſiennes „cottées A & B, ces deux cargaiſons de bois,„ tombe par cela même, que c'eſt l'unique cas, qu'à la fois le *vaiſſeau* & ſa *cargaiſon* ait appartenu à des ſujets Pruſſiens, par conſequent on en a fait une note à part dans le rapport général des commiſſaires pruſſiens.

„Cinq vaiſſeaux (diſent les commiſſaires anglois) „furent reſtitués avec leur cargaiſons, mais les de-

„man-

„mandeurs condamnés aux depens, parceque les pa-„piers, qui se trouvoient à bord, & les examens pre-„paratoires donnoient lieu à leur confiscation, & „que la restitution ne fut decretée, que sur la foi des „certificats, fournis & admis dans la suite.„

Les cours de justice angloises ont reconnu elles mêmes dans les sentences, prononcées à l'égard de ces cinq vaisseaux, leur neutralité, & se sont arretées simplement à ce doute affecté:

„si leur cargaison étoit aussi aux risques des sujets d'une puissance neutre?„ Or il a été demontré, que le vaisseau libre, rend la cargaison, pourvû qu'elle ne soit pas contrebande, libre. Les commissaires anglois avoüent eux mêmes, que cette cargaison n'a pas été contrebande, ce qui ne faisoit rien au fond de la decision, parceque les vaisseaux étoient la plûspart pris en mer *sur le retour* des ports francois vers le Nord, & ne pouvoient par consequent être chargés de munition de guerre & de bouche en faveur des ennemis pour lors de l'Angleterre, tout le Nord étant pacifié dans ce tems-là. Il étoit donc injuste, de condamner encore ces vaisseaux aux frais en faveur des armateurs anglois, & on n'a fourni d'autre raison pour cet effet, que cette généralité.

„qu'il y avoit des raisons y mouvantes.„ pendant que les propriétaires des vaisseaux & de la cargaison avoient deja assés souffert par leur longue détension.

„Un vaisseau & sa cargaison (continüent les com-„missaires anglois) furent rendus par sentence sur „appel, mais avec compensation des depens, à cause „des circonstances de la capture.„

 Voilà

Voilà encore un raiſonnément commode & trop général. En attendant il prouve, qu'on a favoriſé trop les armateurs anglois, en première inſtance, & toutefois ont-ils été ſûrs, de n'étre jamais, malgré leur palpables vexations, dans le cas de la reſtitution des fraix de la procédure.

„Il ne peut pas y avoir une ombre de plainte, „par rapport aux 8 premiers cas &c.—(jusqu'à ces pa- „roles des commiſſaires anglois). Les commiſſaires „pruſſiens n'alleguent pas une ſeule raiſon, pour „prouver par les circonſtances particulieres des dits „cas, qu'il ait été mal decidé.„

Les commiſſaires pruſſiens dans leur rapport général ont examiné en detail les circonſtances particulieres à l'egard de chacun de ces vaiſſeaux, & ont montré l'injuſtice des ſentences des cours de l'amirauté angloiſe, fondées toutes ſur des principes contraires aux traités de mer, & aux déclarations poſitives anterieures de la cour britannique.

„Pour ce qui eſt de la liſte B. (dit-on dans le me- „moire britannique) chaque vaiſſeau, à bord duquel „les ſujets pruſſiens pretendent avoir eû des effets, „leur appartenant en propres, alloit à un port ennemi, „ou en venoit directément, & pluſieurs de ces vaiſ- „ſeaux paroiſſoient évidemment chargés en partie, „d'effets ennemis, ou ſous leur propre nom, ou ſous „des noms ſuppoſés &c. jusqu'à la lettre de Mr. „Andrié incluſivement.„

Soit qu'un vaiſſeau neutre, aille à un port ennemi, ou qu'il en revienne, pourvûqu'il ne ſoit point chargé de contrebande, il ne peut en aucun cas être ſujet à la ſaiſie & à la détention, ſelon le droit de la

nature

nature & l'usage des nations, tiré des traités conformes de mer. Dans le dernier cas l'idée de la contrebande cessoit de sa nature dans cette guerre.

„La liste B contient 33 cas, dont 2 n'ont jamais „été portés devant aucune cour de justice en Angle„terre: les vaisseaux, supposé, qu'ils ayent été pris, „ayant été relachés par les armateurs mêmes, à l'en„tiére satisfaction des propriètaires.„

Cela est avancé par les commissaires anglois sans aucun fondement; On a démontré dans le rapport détaillé & circonstancié, que ces armateurs pendant la détention de ces vaisseaux neutres, ont ouvert de force les reduits, pris les provisions de bouche, & les victouailles sans façon, saisi, l'epée nuë, plusieurs barriques de vin, à leur gré, & ensuite, n'ayant pas osé paroitre en justice, relaché eux mêmes le vaisseau maltraité, & en partie depouillé. Chacun comprend, que les capitaines & les equipages de ces vaisseaux, ont du être bien eloignés de l'idée, de s'arrêter alors encore plus long tems en Angleterre, pour traduire auparavant en justice avec grands fraix, ces armateurs, dont ils avoient été aussi maltraités.

„Dans 16 cas les effets reclamés par des sujets „prussiens, se trouvent avoir été restitués actuelle„ment par sentence aux patrons des navires, sur les„quels ils étoint chargés.„

Mais cette restitution seule & simple ne suffit point, pour l'indemnisation des dommages & pertes, causées par l'injuste saisie & détention. La cargaison étoit permise, chargée à bord des vaisseaux neutres; donc aucun armateur anglois n'avoit droit de s'enquerir, à qui pourroit appartenir cette cargaison, qui

n'etoit

n'étoit point de contrebande. La longue détention garoit naturellement les marchandises, celles-ci baissoient manifestement de prix, à cause de le paix d'Aix-la-Chapelle survenuë l'an 1748, sans compter les fraix de reclamation considerables. Ainsi il saute aux yeux de chaque impartial, que la restitution finale des effets arretés & si long tems détenus, ne peut point tenir lieu d'indemnisation d'une si injuste saisie.

„Dans 14 cas la proprieté prussienne n'a jamais „été verifiée, ni par les lettres de mer, ni par les „examens préparatoires, ni par des certificats subse-„quents sous serment des demandeurs, auxquels on „avoit pourtant accordé le tems necessaire pour cet „effet.„

Tout ceci roule sur une perquisition inutile, touchant le propriétaire de la cargaison, non contrebande, chargée à bord de ces vaisseaux neutres. Supposé donc, que même un sujet françois ou espagnol eut été proprietaire d'une partie de cette cargaison, chargée sur un vaisseau neutre, cela ne regardoit absolument en rien les juges anglois, & dans les cas mêmes, où la confiscation de cette partie de la cargaison à charge des Francois & Espagnols, ne touchoit pas directement les sujets prussiens, ceux-ci neanmoins en ont partagé manifestément la perte, par la détention générale & injuste du vaisseau. D'ailleurs l'on ne sauroit exiger d'un patron de navire, de s'enquerir, à qui appartient la cargaison, pourvû qu'en tems de guerre elle ne soit pas contrebande. Le connoissement de ce patron ne specifie que la qualité de la cargaison, & il lui doit être indifférent, si le vendeur reste chargé du risque, ou si l'achel'acheteur en est chargé des l'embarquement. Il suffit au patron, qu'il reçoive le frèt stipulé, en debarquant la marchandise au lieu de sa destination. Donc il n'y avoit dans tous ces cas, pas la moindre raison d'arrêter le vaisseau.

„Un cas, qui regarde une partie de la cargaison est „encore pendant, parceque aucune des parties n'a „jusqu'à présent requis, qu'il fut jugé.

Ceci est inintelligible, parceque selon la production faite de la Dispache hambourgeoise, il ne s'agit plus en ce cas-ci, de la restitution, qui a été d'abord faite.

„Et il faut que les Demandeurs en général, ayent „été interieurement bien convaincus eux-mêmes de la „justice des sentences rendûes par la cour d'Amirauté; „puisque dans toute la liste B il ne se trouve pas un seul „exemple, qu'il en ait été appellé, & dans la liste A „qu'un seul exemple unique.„

Quiconque connoit la longueur & la somtuosité des procédures en Angleterre, ne s'étonnera point de ceci. D'ailleurs les cours de justice brittanniques avoient, en tant de cas, assés fait remarquer leur principes, qui ne donnoient pas lieu aux sujets prussiens d'esperer des sentences reformatoires en ulterieure instance.

Les armateurs menoient de force les vaisseaux neutres, après les avoir saisis dans des ports anglois, y constituoient un mandataire, afin de poursuivre la procédure; & tandis qu'ils se remettoient tout de suite de nouveau en course, le vaisseau par eux saisi, demeuroit detenû longtems en Angleterre. Cependant dont il falloit continuer la paye de l'equipage, le vaisseau & la marchandise se gatoient par cette longue détention, &c. Ainsi chacun comprend aisément, que les capitaines de ces vaisseaux saisis, ne pouvoient pas songer à s'amuser d'un appel inutile, sans s'exposer encore d'avantage à des plus grands dommages, en sorte qu'en bien des cas il leur auroit été même plus profitable, qu'on leur eut d'abord enlevé le vaisseau. De tout ceci conste assés la legitimité de la protection de Sa Majesté le Roi de Prusse, qu'il n'a pu refuser plus long tems aux pressantes & réiterées solicitations de ses sujets, comme le tout est prouvé plus amplement dans les Exposés dressés particuliérement là - dessus.

www.ingramcontent.com/pod-product-compliance
Ingram Content Group UK Ltd.
Pitfield, Milton Keynes, MK11 3LW, UK
UKHW021057260726
13994UKWH00002B/561

9 782329 313542